LES MASQUES TOMBENT

Les Éditions Transcontinental inc.
1100, boul. René-Lévesque Ouest
24e étage
Montréal (Québec) H3B 4X9
Tél. : (514) 392-9000
1 800 361-5479

Pour connaître nos autres titres, tapez **www.livres.transcontinental.ca.** Vous voulez bénéficier de nos tarifs spéciaux s'appliquant aux bibliothèques d'entreprise ou aux achats en gros ? Informez-vous au **1 866 800-2500.**

Distribution au Canada
Les Messageries ADP
2315, rue de la Province, Longueuil (Québec) J4G 1G4
Tél.: (450) 640-1234 ou 1 800 771-3022
adpcommercial@sogides.com

Distribution en France
Géodif Groupement Eyrolles – Organisation de diffusion
61, boul. Saint-Germain 75005 Paris FRANCE
Tél. : (01) 44.41.41.81

Distribution en Suisse
Servidis S. A. – Diffusion et distribution
Chemin des Chalets CH 1279 Chavannes de Bogis SUISSE
Tél. : (41) 22.960.95.10
www.servidis.ch

Catalogage avant publication de la Bibliothèque nationale du Canada
Morency, Pierre, 1966-
Les masques tombent
Fait suite à : Demandez et vous recevrez.
ISBN 978-2-89472-295-4

1. Succès - Aspect psychologique. 2. Réalisation de soi. I. Titre.

BF637.S8M67 2003 158 C2003-941938-X

Révision : Pierre-Yves Thiran
Correction : Lise Baillargeon
Photographie de l'auteur : Véro Boncompagni © 2002
Conception graphique de la couverture et mise en pages : Studio Andrée Robillard
Impression : Transcontinental Gagné

Imprimé au Canada

Dépôt légal - 4e trimestre 2003
3e impression, septembre 2006
Bibliothèque nationale du Québec
Bibliothèque nationale du Canada

ISBN 978-2-89472-295-4

Nous reconnaissons, pour nos activités d'édition, l'aide financière du gouvernement du Canada, par l'entremise du Programme d'aide au développement de l'industrie de l'édition (PADIÉ), ainsi que celle du gouvernement du Québec (SODEC), par l'entremise du programme Aide à la promotion.

Pierre Morency

LES MASQUES TOMBENT

Les Éditions Transcontinental

À Jessy, Charlie, Timmy, Jaimee et Amy,
mes destructeurs de masques par excellence.

À tous les lecteurs de *Demandez et vous recevrez,* qui n'ont cessé
de me pousser à aller plus loin dans mes recherches.

À mes amis et explorateurs des lois de l'univers,
pour leur appui, leur confiance, leur ouverture d'esprit
et pour m'avoir aidé à trouver le titre de ce livre.

À Ralph Waldo Emerson, pour les nombreuses réflexions
que ses écrits ont suscitées dans mon esprit.

Aux Éditions Transcontinental et en particulier à mon éditeur,
Jean Paré, pour leur audace et leur professionnalisme.

Pierre Morency

MESSAGE IMPORTANT

Ce livre a été écrit à l'intention de tous ceux qui ont soif de transparence.

En le rédigeant, j'ai pensé aux chrétiens, catholiques et protestants, aux juifs, aux kabbalistes, aux musulmans, aux bouddhistes, aux adeptes du zen, aux hindouistes, aux zoroastriens, aux rosicruciens, aux tenants du nouvel âge et de la scientologie, aux philosophes, aux scientifiques et aux religieux, bref, à tous ceux qui souhaitent une vision du monde et du divin **où plusieurs points de vue sont acceptables et équivalents**.

Il a été écrit pour ceux et celles qui en veulent plus et qui osent se l'avouer.

Bonne lecture !

Table des matières

Partie 1

Les fondements de la vérité

1

Vraiment ?

Ce matin-là, j'étais une fois de plus à digérer ma dose quotidienne de rayons électromagnétiques, assis devant mon écran d'ordinateur, quand le téléphone a sonné. « Bonjour, Monsieur Morency. Je suis contente de vous parler. J'ai lu *Demandez et vous recevrez* et j'ai effectué une demande il y a trois jours. Malheureusement, il ne s'est encore rien passé. Ou bien je fais mal quelque chose ou bien votre approche ne marche pas ! Qu'est-ce qu'il faut que je fasse maintenant ? »

Voilà, en bref, mon quotidien depuis plus de six mois. Des appels et des messages de lecteurs voulant sur-le-champ une recette miracle pour la réalisation de leurs vœux.

En discutant avec cette dame, Monique, je réfléchissais à l'abominable question : « Que dois-je faire maintenant ? » Pareille à une rengaine obsédante, elle taraudait le simple physicien que je suis. « Que dois-je faire maintenant ? » Ils ont été nombreux à me la poser, les lecteurs de *Demandez et vous recevrez*. Je n'arrivais plus à retirer cette question de mon esprit.

J'ai donc répondu à mon interlocutrice ce que je réponds à tous ceux qui communiquent avec moi : « Monique, croyez-le ou non, si vous n'avez pas ce que vous voulez dans la vie, c'est que vous ne le voulez pas vraiment. Vous me dites que vous voulez déménager. Mais, je vous le dis, vous ne voulez pas *vraiment* déménager ! »

Et vous tous, comme Monique qui ne veut pas vraiment déménager, vous ne voulez pas vraiment perdre du poids, vous ne voulez pas vraiment moins travailler, vous ne voulez pas vraiment prolonger la durée de vos orgasmes, vous ne voulez pas vraiment tout arrêter et partir trois mois au Viêtnam, vous ne voulez pas vraiment conduire une Mercedes, vous ne voulez pas vraiment goûter à l'extase méditative. Bref, vous manquez de *guts* !

Vous avez envie de ces choses, bien sûr, mais cette envie n'est pas devenue une véritable obsession. Vous avez des réserves. Vous ne plongez pas. Mais, allez-y, prenez un crayon et une feuille de papier. Je vous attends, nous allons régler ça tout de suite.

Tracez une ligne verticale au centre de votre feuille, puis écrivez dans la colonne de gauche pourquoi vous voulez ce que vous demandez à l'univers. Écrivez ensuite dans la colonne de droite pourquoi vous ne le voulez pas. Allez, écrivez. Vous avez en vous des questions non résolues qui vous empêchent de vouloir vraiment que vos demandes se réalisent.

J'ai fait l'exercice avec Monique ; 25 minutes plus tard, nous avions une liste. Et quelle liste ! Plus d'une trentaine de raisons faisaient obstacle. Pas étonnant que cette dame n'ait pas encore reçu ce qu'elle demandait de la vie.

C'est à ce moment que j'ai senti le déclic, ce genre de sensation qui vous fait dire : « Mais oui, j'ai compris ! » Eurêka ! Pendant une fraction de seconde, mes pensées se sont arrêtées, me laissant suspendu comme dans un manège, la tête en bas. Je venais de trouver comment expliquer pourquoi ceux et celles qui demandent ne reçoivent pas toujours.

« Ceux et celles qui n'ont pas ce qu'ils veulent dans la vie, ce n'est pas tant qu'ils ne le veulent pas vraiment. Le problème, **c'est qu'ils ne sont pas vrais.** » Et vlan ! Tout est question de vérité.

Mes pensées se sont ensuite accélérées, fusant dans tous les sens, à la recherche des rapports entre la vérité et les fameuses lois du succès (ou « lois du Tao des affaires de la vie »). Je me suis rendu compte que, lorsqu'on divise l'adverbe « vraiment », on obtient deux mots qui vont mal ensemble : « vrai » et « ment ». Comment le vrai pourrait-il mentir ? La réponse est simple : le vrai ment lorsque nous demandons quelque chose **qui ne correspond pas à notre vrai moi.**

Cela peut paraître simpliste, mais je vous rappelle que je suis physicien. Bref, que j'ai un penchant pour les choses compliquées. Alors préparez-vous une fois de plus à une explication détaillée sur quelque chose qui, dans son essence la plus pure, ne prend qu'une ligne à énoncer.

Version simple : pour obtenir ce que vous demandez à la vie, vous devez croire que vous l'avez reçu et être vrai avec vous-même. Version compliquée : lisez en entier le livre que vous avez entre les mains.

J'ai immédiatement mis fin à ma conversation téléphonique avec Monique, j'ai fermé mon lecteur de CD et ses mantras hindous, et j'ai débranché le téléphone.

J'allais enfin pouvoir répondre à cette satanée question – « Que dois-je faire maintenant ? » – et donner un peu de repos à mon esprit. J'allais enfin pouvoir purger mon cerveau de cette préoccupation et de la pression de devoir aider tous ceux qui me demandent un plan précis, une carte routière, une baguette magique pour faire apparaître les objets de leurs désirs.

J'allais enfin pouvoir dire : « Pour obtenir tout ce que vous voulez dans la vie, il ne suffit pas de demander, il faut aussi **être vrai.** »

2

Le strip-tease

Commençons notre enquête sur la vérité par une question de calibre « ligues majeures » : **qui êtes-vous ?** Voilà assurément la plus vieille et la plus complexe des questions. Même les plus grands scientifiques, même les personnes les plus sceptiques, celles qui ont toujours voulu tout réduire à la matière et à ce qui est mesurable, ont été contraints un jour ou l'autre d'avancer une réponse.

En guise de défi, les grands maîtres nous ont balancé ces trois mots au visage. Mais combien, parmi nous, s'y sont vraiment attardés, ont réellement cherché à y trouver un socle élégant, qui permette de justifier une vie et un emploi du temps ? Comme vous, je suis tombé sur des réponses comme : « Qui suis-je ? Je suis Dieu – *aham brahmasmi*. Je suis Brahma. » Et ma préférée : « Qui suis-je ? Je suis celui qui est. » Wow, ça c'est utile ! Ça, ça aide quelqu'un ; vous ne trouvez pas ? « Je suis celui qui est. » Ha ! Même mon chien aurait pu trouver ça.

« Qu'est-ce que tu manges, mon beau Rex ?

– Je mange ce qui doit être mangé, Pierre.

Qu'est-ce que tu portes en ce moment, mon amour ?

– Je porte ce que je porte, Pierre.

Qui est ta femme, mon cher Roger ?

– Ma femme est celle qu'elle est, Pierre. »

Bravo, les amis ! Wouf wouf !

◎◎◎

Ces réponses ne sont pas du tout satisfaisantes. Enfin, pas pour un simple physicien comme moi. Je veux bien croire qu'il y a quelque part du divin, une force universelle ou l'infini, mais je veux aussi savoir comment je peux utiliser cette connaissance aujourd'hui. Comme vous, je dois payer mes factures, l'épicerie, l'hypothèque, l'école des enfants. « Je dois payer mes factures », ça, c'est vivre le moment présent. *Aham brahmasmi* si vous voulez, mais ahammène-moi des outils concrets pour la réalisation de mes rêves et pour l'amélioration de ma vie.

Je ne vais donc pas vous proposer une collection de jolies phrases pour servir d'oasis à vos déroutes émotives. Non. Je vais plutôt vous demander, encore une fois, de sortir un crayon et un cahier, de vous retrousser les manches et de vous préparer à une séance de déshabillage. Oui, monsieur, oui, madame, nous allons nous mettre à nu.

Tout d'abord, vous allez écrire au haut de la première page : « Je suis menteur » ou « Je suis menteuse. ». Tss-tss, pas un mot pour l'instant. Mettez votre ego de côté et suivez les directives. Pour obtenir des résultats concrets, il faut suivre une démarche concrète. Et, surtout, pas de gants blancs. Pas de détours.

Sur cette page, je vous demande de dresser la liste de vos frustrations. Cela peut prendre la forme de confessions, d'histoires que vous vous racontez chaque jour pour supporter votre quotidien, de choses qui vous rendent furieux. Soyez honnête. Écrivez tous les accroires que vous vous faites, les pipes, les comédies, les tours de passe-passe qui ponctuent votre vie.

Par exemple : « Je déteste mon sale boulot, mais j'ai réussi à me convaincre que, dans la vie, on ne fait pas ce qu'on veut. »

Ou : « Je préférerais passer ma vie tout nu sur une plage à manger des fruits cueillis dans les arbres, à me baigner dans la mer et à satisfaire mes élans sexuels, plutôt que d'être chaque jour obligé de porter des vêtements désuets, de manger à toute vitesse des plats surgelés sur le coin d'un bureau et de retenir mes pulsions sexuelles, que je finis de toute façon par satisfaire seul puisque personne ne semble capable de le faire aussi bien que moi. »

Ou : « Je sais que l'environnement a besoin d'être protégé et que chacun doit faire sa part, mais je préfère prendre ma voiture pour aller travailler. Je déteste l'autobus : je suis obligé de poireauter sur le coin de la rue en l'attendant, je ne supporte pas les gens dont le déodorant ne tient pas le coup plus de 30 minutes et, pire, je ne tolère pas les usagers qui mangent ces chips croquantes à l'odeur intolérable de fromage ou de je ne sais trop quel substitut. »

Ou : « J'avoue que, même si je le gratifie de mon plus beau sourire chaque matin, mon voisin m'énerve. Je ne supporte pas sa clôture qui empiète sur mon terrain, son nouveau barbecue qu'il ne sait pas faire fonctionner et sa foutue tondeuse qu'il utilise le dimanche matin à 9 h. »

Ou : « Je trouve mes jambes trop courtes, mes muscles trop fins et mes seins trop pendants. J'en ai assez de me faire dire que je dois m'accepter comme je suis, que la beauté est dans les yeux de celui ou de celle qui regarde, que le vrai amour est intérieur. Moi, je veux des cuisses et des fesses d'enfer, je veux les biceps d'Arnold Schwarzenegger, je veux que les autres se retournent sur mon passage quand je marche dans la rue. »

Ou : « J'en ai assez de tous ces soi-disant experts en santé qui me disent de boire plus d'eau, même si l'eau n'a pas de goût et qu'elle contient une foule de produits chimiques. Moi, j'aime le vin, le Sprite et la bière. Je préfère avoir une petite bedaine et prendre mon petit verre chaque jour que de boire de l'eau plate à chaque repas. »

Ou : « J'adore acheter de l'équipement de conditionnement physique, mais je ne veux pas m'en servir. Je hais les gyms, je déteste les vêtements de sport, j'exècre l'entraînement, un point, c'est tout. »

Ou : « Je souhaite que les enfants aillent se coucher, non parce qu'ils sont fatigués et qu'il se fait tard, mais parce que je veux avoir la paix. Je ne réussis à me détendre que lorsqu'ils sont au lit. »

Ou : « J'aime bien les membres de ma famille, mais seulement lorsqu'ils sont à 200 kilomètres de la maison. Mes parents rouspètent tout le temps ; mon frère, qui gagne pourtant 125 000 $ par année, est une sorte d'oncle Picsou ; et ma sœur est tellement quétaine que c'en est décourageant ! »

Ou : « Je suis fatigué de me faire dire par le curé du village que je suis obligé d'aller me confesser tous les dimanches à l'église si je ne veux pas pourrir en enfer et que cette simple visite efface toutes les fautes que je répète semaine après semaine. »

Ou : « Je ne supporte plus d'entendre parler de compromis. Je veux que mon conjoint admette qu'il a tous les torts. Il laisse constamment traîner ses chaussettes sales, il ne place pas toujours les boîtes de conserve sur la bonne étagère dans le garde-manger et il lit des livres expliquant comment réussir sa vie professionnelle plutôt que sa vie de couple. »

Ou : « J'aimerais que ma femme s'habille pour me plaire *à moi*, plutôt que de choisir ses vêtements pour ressembler à la nouvelle infirmière dans *General Hospital*. Je veux qu'elle comprenne que je me fous que ses sous-vêtements soient confortables ou non ; ce que je veux, c'est qu'elle porte des sous-vêtements sexy que je peux détacher d'une seule main. »

Ou : « J'aime la cigarette et l'alcool. Tant pis pour ceux qui sont contre. »

Ou : « Je trouve ridicule de payer 50 000 $ pour une voiture qui peut atteindre 150 km/h en deuxième vitesse, alors que la loi m'oblige à conduire en pépère à 100 km/h sur l'autoroute. »

Ou : « Le trou dans le mur du sous-sol, je ne l'ai pas fait en déplaçant un meuble d'enfant, mais bien en y frappant quand j'étais en colère. »

Ou : « J'aimerais savoir comment me brancher à Internet pour ne pas avoir à le demander chaque fois à mon fils de neuf ans. Comme ça, je n'aurais pas besoin de prétexter des recherches sur Clint Eastwood ou des destinations touristiques quand je veux accéder à des sites porno et trouver un endroit où on peut clavarder avec un amant. »

Ou : « L'école a été pour moi une perte de temps, mais je voulais faire plaisir à mes parents. Ils n'auraient jamais accepté que je me forme tout seul. »

Ou : « Épargner me pue au nez. Je rêve de tout flamber. »

Ou : « Je dis tout le temps que la mort ne m'angoisse pas. Mais ce n'est pas vrai, j'ai terriblement peur de mourir. »

Bref, écrivez tout. Affirmez tout haut ce que vous pensez tout bas. Sachez qu'on ne construit rien sur ce qui doit être détruit. Le succès commence par une bonne séance de déshabillage. Yoda, le maître de Luke Skywalker dans *Star Wars*, le disait bien : « Pour commencer, vous devez désapprendre ce que vous avez appris. »

Alors écrivez, bon sang. Pas demain, maintenant, tout de suite ! Désapprenez, désapprenez, désapprenez ! **Et soyez vrai.**

3

Les masques

Ahhhh ! ça fait du bien, n'est-ce pas ? Un peu de rébellion sur papier. Un peu de défoulement (avec un crayon, j'ai dit). Maintenant que vous vous sentez mieux, trouvons une raison de vivre cette mystérieuse aventure qu'est la vie.

Dans *Demandez et vous recevrez,* j'ai parlé de la possibilité de goûter ici même aux bienfaits du paradis terrestre. J'ai dit que tout ce que vous aviez à faire pour y parvenir était de demander et d'avoir suffisamment d'énergie pour « transmettre vos ondes-pensées ». Je sais, ça sonne bizarre, mais vos pensées sont tout de même des ondes et, de ce fait, elles obéissent aux lois électromagnétiques et quantiques.

Je vais être plus précis. Une demande ne peut se réaliser que si elle est d'une **pureté quasi intégrale.** Prenons l'exemple d'une chaîne de télévision pour rappeler que deux émissions ne peuvent être envoyées sur la même fréquence. Autrement, la réception serait mauvaise et les téléspectateurs n'obtiendraient qu'une sorte de bruit de fond. Bref, vous ne pouvez pas émettre en même temps une demande et un doute. Sinon, les ondes de ces deux émissions vont s'annuler.

Allons plus loin. Vous devez aussi savoir *qui* émet la demande. Qui, de tous les personnages que vous jouez dans la vie, veut qu'un désir précis se réalise ?

Moi, par exemple, je suis homme, père, chercheur, physicien, fils, mari, amant (oups, je voulais dire « aimant »), disciple, sportif, musicien, enfant. Tous font partie de mon quotidien. Mais lorsque je demande quelque chose à l'univers, qui fait la demande ? Est-ce le père, le chercheur ou le mari ? Est-ce le musicien, l'enfant ou l'aimant ?

Vous devez comprendre que votre vie est vécue par une **somme de personnages** cohabitant tant bien que mal dans ce vaste univers qu'est votre moi.

Si vous associez le mot « succès » au nombre d'heures que vous consacrez à votre travail, la professionnelle en vous ne peut pas demander davantage de succès à l'univers si, au même moment, la mère de famille veut passer plus de temps avec ses deux bambins. Le sportif que vous êtes ne peut pas développer une musculature plus puissante en même temps que le disciple souhaite maîtriser les postures les plus compliquées du Hatha Yoga. Vous me suivez ?

Vos désirs ne se matérialisent pas pour une raison : **vous n'êtes pas vrai.** Enfin, pas *totalement* vrai. Vos personnages sont continuellement en conflit en vous. Vous portez une multitude de **masques**, et ceux-ci troublent votre regard sur la vie et sur ce que vous voulez vraiment. Voilà pourquoi vous n'êtes jamais totalement satisfait lorsque vous faites un achat ou accomplissez quelque chose. Sitôt un de vos personnages rassasié, un autre prend le microphone et crie à tue-tête dans votre esprit : « Plus, plus, plus ! »

Est-ce mauvais ? Non. Je l'ai dit et je le répète : **Dieu s'ennuie.** Dieu est tout, a tout, fait tout, connaît tout. Il cherche donc, comme vous et moi, à se divertir. Mais comment un dieu omnipotent et omniprésent peut-il se divertir ? Il doit d'abord s'oublier un peu. Feindre la perte de mémoire. Se constituer des limites. Se scinder en de multiples points de vue. Devenir humain. Une fois humain, Dieu (votre vrai moi) se divertit de vos aventures et goûte à vos élans de créativité.

Même s'ils ont leurs faiblesses, nos multiples personnages nous encouragent à toujours en vouloir plus, à toujours demander davantage. La stagnation, c'est la mort ; le mouvement, c'est la vie. La nature en fait la preuve.

En soi, nos masques nous poussent donc vers l'avant. Mais, comme ils ne représentent chacun qu'un faible reflet de notre être véritable, ils nous font emprunter de nombreux détours inutiles. Ils nous font vivre des expériences difficiles, comme la douleur, la souffrance, l'amertume, la colère, la haine et la jalousie.

Mais, de nouveau, est-ce mauvais ? Non. Ces émotions et ces expériences participent de notre dualité et sont là pour être vécues. Seulement, il y a une question, la seule intelligente, utile et valable à ce stade-ci : **en avez-vous assez ?** En avez-vous ras-le-bol des conflits, de la douleur et de la souffrance ? En avez-vous assez de la solitude, de la colère et des doutes ? En avez-vous assez de la fausse démocratie, de la discipline forcée et de l'intransigeance ?

Un nombre croissant d'individus se lèvent et affirment de plus en plus fort : « Moi, j'en ai assez. Cette vie ne correspond pas à mes attentes. » Un peu comme dans le film *Network,* où des gens crient à tue-tête par les fenêtres : « *I am mad as hell, I am not going to take this anymore.* » (« J'en ai plein le dos, je n'accepte plus cette vie. »)

J'en ai assez de permettre à mon intellect de prendre le dessus sur mon intuition. J'en ai assez d'écouter mon professeur, mon mari, ma cousine ou mon collègue me dire que je suis un utopiste, qu'on doit tout endurer pour mériter son ciel. J'en ai assez d'une société où les profits et les occasions d'affaires sont la règle.

Si vous pensez ainsi et que vous avez l'audace de le dire, **vous devrez mettre vos masques de côté.** De toute façon, ils tomberont un jour ou l'autre, et cela surviendra peut-être à vos dépens. Alors, pourquoi ne pas décider vous-même de les faire tomber maintenant ?

4

La vérité

L'autre soir, je fais du trampoline avec Timmy, un de mes fils, puis nous observons le ciel étoilé. À un moment, il me demande : « Papa, combien y a-t-il d'étoiles dans le ciel ? Est-ce que Dieu peut compter les étoiles ? » Les questions des enfants sont parfois désarçonnantes de simplicité.

« Est-ce que Dieu peut compter les étoiles ? » Aïe. Je tente quand même une réponse.

« Imagine que tu es Dieu. Que tout l'univers est contenu dans ton corps. À quoi pourrais-tu associer les étoiles ? (Je remercie silencieusement David pour son étoile à six branches, qui me rappelle la célèbre phrase : « Ce qui est en haut est comme ce qui est en bas. » Il n'y a rien de pire qu'un papa pris au dépourvu.)

– À nos morceaux ? Comme les yeux, les mains, le nombril ?

– D'accord, Timmy. Ces morceaux, appelons-les les organes. Chaque organe est un peu comme un groupe d'étoiles, ce que les grands nomment des galaxies. Dans un morceau, il y a beaucoup de petits morceaux. (Je lui montre alors les petits dessins sur la peau de ses mains.) Tu vois, ta main par exemple, est constituée de milliers, de millions de morceaux, ce qu'on appelle des cellules.

– Comment ça ? Est-ce que ces petits morceaux sont en prison ?

(Celle-là, elle m'a laissé bouche bée. Cellule = prison. Je souris en moi-même en me disant que je viens de trouver un filon intéressant. Par nos attitudes, nous emprisonnons notre être et notre énergie dans une prison qui est notre corps. Une fois que nous aurons élevé notre niveau de conscience, nous briserons nos chaînes corporelles. Est-ce pour cela que les maîtres et les guides parlent de *mukti* et de libération ? Libération de nos cellules, de notre prison ? Les enfants sont merveilleux !)

– Je ne sais pas si nos cellules sont en prison. Mais je sais que tes cellules, par exemple, forment la structure de ton corps – donc de ton univers, si tu te mets en costume de Dieu. Mais, dis-moi, pourrais-tu, toi, après ce que nous venons de dire, compter le nombre de cellules qu'il y a dans ton corps ?

– Ben non. Pour ça, il faudrait que je les arrache une après l'autre et je deviendrais mort ! Il faudrait que quelqu'un d'autre les compte pour moi.

– Eh bien voilà, Dieu aussi a besoin de nous pour compter les étoiles. »

◎◎◎

Pour que nos masques tombent, il faut d'abord que nous prenions conscience de notre **vrai rôle** dans cet univers mystérieux. Si nous sommes là pour en explorer les possibilités et ainsi divertir Dieu, il est temps que nous nous regardions en face et que nous nous disions la vérité.

Mais je vous entends déjà demander: « Pierre, qu'est-ce que la vérité ? S'il te plaît, donne-nous une définition exacte de la vérité, que nous puissions nous décharger de l'effort de bâtir notre propre point de vue. »

Je vous entends même ajouter: « Profites-en aussi pour nous dire quoi manger, comment nous habiller, comment baiser, comment respirer, comment choisir notre rôle dans la vie, comment parler à Dieu, comment concevoir de meilleures publicités. »

Pas question ! Je refuse de vous servir de nouveau masque. Vous devez apprendre à écouter votre voix intérieure. Vous n'avez pas besoin d'un nouveau prêtre, d'un autre guide ou d'un gourou. Vous avez besoin de faire vos recherches et vos expériences, d'apprendre à exprimer votre rôle sur terre à travers votre point de vue. Un point de vue unique, nouveau. Non pas pour l'imposer aux autres, mais bien pour colorer à votre manière l'aventure divine.

Si vous deviez avoir le même point de vue que les autres, vous seriez inutile. Vous seriez « de trop ». Vous savez sans doute qu'il n'existe pas deux flocons de neige identiques. Mais pourquoi ? Pourquoi Dieu (je pourrais aussi bien dire la force universelle, les extraterrestres, les Rishis, Jésus, Krishna, Allah, Bouddha, Brahma ou Homer Simpson – j'utilise Dieu dans ce livre car j'aime vous provoquer un peu) dépense-t-il autant d'énergie à créer des flocons différents les uns des autres plutôt que d'utiliser un photocopieur ?

Entre vous et moi, combien de temps prenez-vous chaque hiver pour observer les flocons ? Si personne n'y prête attention, pourquoi tous ces efforts, pourquoi tant de complexité ? La réponse, encore une fois, est simple : parce que Dieu veut tout explorer, tout goûter. Parce qu'il n'y a rien de plaisant à faire deux fois la même chose, si on peut faire mieux et s'offrir un peu de variété.

Nous, humains intelligents, adorons nous limiter, nous restreindre, nous contraindre. Nous nous plaisons à écouter deux fois la même chanson, à regarder trois fois le même film, à manger deux fois le même mets. Mais, si vous aviez le choix, si vous laissiez tomber vos masques, ne voudriez-vous pas toujours du nouveau, du piquant, de l'aventure ? Ne préféreriez-vous pas la diversité, l'imprévu, la découverte ?

J'ai une bonne nouvelle pour vous : **cela est possible.** Mais, avant, il faut laisser tomber beaucoup, beaucoup de masques. Si Dieu refuse de faire deux flocons pareils, pourquoi créerait-il deux humains identiques – ayant les mêmes idées, les mêmes pensées et les mêmes talents, tenant les mêmes propos et défendant le même point de vue ?

Pouvez-vous me dire alors comment il se fait que nous tenions tant à avoir le même avis que les autres ? Pourquoi il existe autant de débats et de discussions dont l'unique but est d'imposer une façon unique de voir ? Dans un univers relatif comme le nôtre, où tout dépend du point de vue, la vérité, la « vraie vérité », n'existe tout simplement pas.

5

Ma vérité

Levez la tête un instant et regardez la première chose qui accroche votre regard. Que voyez-vous ? Imaginez maintenant que vos yeux sont ceux d'une abeille et comptent de multiples facettes. Que voyez-vous ? Imaginez ensuite que je vous greffe une paire d'antennes radio à la place des yeux (il y a de nombreuses similitudes entre les yeux et les antennes radio). Voyez-vous la même chose ? Lesquels, de vos yeux d'humain ou d'abeille, ou de vos antennes, peuvent prétendre à la vérité ? En définitive, tous. Tous ont raison en même temps.

◎◎◎

« Il faut dire la vérité », enseigne-t-on à grands coups de morale aux enfants. Quelle bêtise. Nous ne devons pas dire *la* vérité ; nous devons dire *notre* vérité. Celle qui *nous* fait vibrer.

Celle que *nous* sentons en dedans. Celle qui n'attend qu'une petite fissure dans l'un de nos masques pour enfin s'exprimer.

Mentir, c'est dire quelque chose et faire autre chose. C'est penser quelque chose et agir autrement. Mais qui détient la vérité ? Personne. Tout le monde. La vérité est relative. Évidemment, vous acceptez ce principe, mais uniquement sur le plan intellectuel. Vous ne l'avez pas encore intégré à votre métabolisme, vous ne l'avez pas transformé en chair.

Vous voulez une preuve ? Je prends un livre au hasard. Tenez, la Bible. Je ferme les yeux, je tourne les pages (attendez, vous allez voir, vous ne croyez qu'en une seule vérité, mais je vais vous démontrer que le contraire est possible), je plante mon doigt au milieu d'une page et je lis.

Ah, Judas. Quel écœurant celui-là. Le traître qui a dit aux Romains où se trouvait le Christ. Le salaud qui a livré le Messie à ses bourreaux. C'est la vérité, pensez-vous. Vous êtes convaincu que Judas est un être horrible qui n'aurait jamais dû exister. Allez, mettez vos culottes et dites-le : « Judas est un dégueulasse. » Plus fort. « Un DÉ-GUEU-LASSE ! »

◎◎◎

Laissez-moi maintenant vous proposer une autre vérité, un autre point de vue. Admettons que Jésus soit le véritable héros de l'histoire. Il a donné sa vie pour racheter les péchés de l'humanité. Il faut le reconnaître, peu de maîtres en ont fait autant pour les hommes et les femmes de ce bas monde.

Cela dit, Judas était aussi important. Vous ne me croyez pas ? Jésus a souffert trois jours, intensément, puis a obtenu la gloire éternelle. Mais grâce à qui ? Si ce n'avait été de Judas, de sa trahison, le Christ n'aurait pas subi sa Passion, et personne ne l'aurait connu.

Judas a vécu un moment de gloire auprès des Romains et a ensuite été précipité dans une éternité de souffrances. Jésus a souffert pendant trois jours et a obtenu la gloire pour toujours. Qui a payé le plus cher ? Qui a été le plus grand, le maître ou le disciple ? Qui a sacrifié sa réputation *ad vitam æternam* pour mettre Jésus de l'avant ? De nouveau, merci, Judas.

◎◎◎

La vérité vous apparaît-elle encore immuable ? Rappelez-vous que **le vrai mensonge, c'est le jugement.** La question n'est pas de savoir qui a raison, mais si *vous* avez raison, étant donné le point de vue que vous devez défendre, suivant la place que vous occupez dans l'univers.

Reprenons l'analogie présentée plus haut, faisant des humains les cellules du corps de l'humanité. Chaque cellule a un rôle à jouer, c'est-à-dire un point de vue à défendre. Dans la science orientale, qui s'appuie sur l'enseignement des Védas (mot signifiant « connaissances »), l'âme s'appelle « jiva ». Ainsi, on peut dire qu'un être humain est comparable à un organe, à un système (système nerveux ou digestif), au « jiva », et même, d'un point de vue universel, à Dieu. L'analogie fonctionne à un niveau comme à un autre.

Imaginez un peu le chaos si une cellule parvenait à imposer aux autres sa formation, son développement, ses priorités. De grâce, oubliez donc dès aujourd'hui la vérité. Cherchez plutôt *votre* vérité. Quand vous l'aurez trouvée, vous remplirez mieux votre fonction, et l'humanité entière pourra en bénéficier.

Tant que vous portez vos masques, tant que vous vous encrassez dans vos moules, vous nuisez autant à l'ensemble qu'à vous-même. Votre vérité, c'est votre vision, votre point de vue.

Sur ce sujet, la physique quantique, celle de l'infiniment petit, est catégorique : **l'objectivité pure n'existe pas.** L'observateur, par sa simple présence, influe sur l'objet observé (certains disent même qu'il lui « donne naissance »). L'univers est fondamentalement subjectif. Vous en faites partie et vous l'influencez. Je suis d'ailleurs persuadé que les recherches en physique quantique finiront par élargir notre compréhension de notre puissance d'observateur subjectif et du lien qui nous rattache à l'univers.

J'ai regroupé mes recherches sur les lois du succès sous le thème du « Tao des affaires », « Tao » signifiant « équilibre », et « affaires » renvoyant à toutes les affaires de la vie. Le Tao des affaires compte **7 grandes lois**, présentées sommairement dans le livre précédent.

1. La Loi de l'action-réaction
2. La Loi des analogies
3. La Loi de la création
4. La Loi des vibrations et du mouvement
5. La Loi de la conservation de l'énergie
6. La Loi de l'évolution
7. La Loi divine

Bien sûr, ces catégories sont issues de mes réflexions sur les lois mathématiques régissant l'univers. Un médecin comme Deepak Chopra ou un athlète comme Dan Millman utiliseront leur propre nomenclature pour parler de phénomènes similaires. L'étude et la recherche de ma vérité découlent directement de l'application directe de ces sept lois. Lorsque nous sommes vrais, la Loi de l'action-réaction nous permet de récolter rapidement ce que nous avons semé.

Lorsque nous sommes vrais, nous facilitons la circulation de l'énergie dans notre vie. Nous sommes **en synchronie avec la volonté divine**, et notre vitesse d'évolution est optimale.

Pour découvrir quelle est *votre* vérité à chaque instant, vous devez parvenir à vous écouter. Vous devez augmenter votre intuition en réduisant au maximum le « bruit de fond » que produit sans cesse votre cerveau, lui qui a tant de mal à se contrôler. Vous ne connaîtrez jamais le succès si vous n'apprenez pas à **discipliner vos pensées.**

Je fais de nouveau appel à la loi des analogies pour exposer l'une des façons de se brancher sur sa voix intérieure.

Mise en garde

Si vous croyez sincèrement (en vous écoutant bien) que cette notion de voix intérieure est de la foutaise, c'est formidable. Suivez votre intuition et allez au fond de cette croyance. Jetez ce livre au bout de vos bras et devenez le plus illustre rationaliste que la terre ait jamais porté. Poussez les limites du raisonnement à l'extrême. Ce faisant, vous ouvrirez de nouveaux horizons au reste de l'humanité, qui est plus lente que vous à dégainer. Après tout, qui suis-je pour contrarier votre élan de rationalité ? Je ne suis pas là pour vous convaincre de quoi que ce soit. J'écoute moi-même ma voix intérieure, et c'est elle qui m'a convaincu de partager avec vous mes expériences.

Ainsi, si je vous demande de percevoir l'une des parties de votre corps, disons votre gros orteil du pied droit, comment faites-vous ? Lui parlez-vous à voix haute ? Le touchez-vous ? Ou passez-vous plutôt par l'intérieur de votre corps pour tenter de sentir votre pouls à cet endroit précis ?

Poussons l'analogie un peu plus loin. Pour entendre Dieu (ou quelque autre instance supérieure), vous avez besoin de l'**écoute intérieure.** (En écrivant ces lignes, une chanson de Gérard Lenorman me revient, dans laquelle il dit: « Mais je n'ai jamais rencontré Dieu. »)

Dieu ne vous parlera pas à voix haute, mais à travers vos sensations. À ce sujet, le grand maître Vallabhacharya, de l'école de pensée dévotionnelle Pushti Marga (« sentier de la prospérité »), affirme: « Nous pouvons voir Dieu à l'extérieur, grâce à ses manifestations, mais nous ne pouvons le ressentir qu'à l'intérieur. » Il a raison: les gens d'affaires qui réussissent le mieux sont ceux qui ont le plus de flair.

Pour savoir quoi faire à chaque instant, pour trouver comment exprimer votre vérité, **vous devez ressentir cette vérité.** Ne l'analysez pas, ne la jugez pas – ressentez-la. Vous saurez. Vous comprendrez. Ici, pas d'argumentation. Seule l'expérience vous parlera.

Une preuve scientifique ne se fait pas toujours par déduction. Elle est parfois empirique. Rappelez-vous l'un des grands principes de *Demandez et vous recevrez*: vous ne comprenez réellement que ce que vous avez vous-même fait. « J'entends, j'oublie. Je vois, je me souviens. Je fais, je comprends. » Vous vous souvenez ?

Si je vous demandais de me décrire le goût qu'a le sucre, vous auriez beau me l'expliquer en utilisant les astuces intellectuelles les plus étonnantes, vous ne réussiriez à me le faire comprendre qu'en me proposant une cuillerée de miel. Votre intellect résiste ? OK. Un autre exemple alors. Prouvez-moi que vous aimez vos enfants. Ha ! Pas facile, celle-là. Pour en faire la preuve, vous serez obligé de me citer toutes les activités que vous faites avec eux jusqu'à ce que je vous dise que, oui, *empiriquement*, vous les aimez.

De même, on ne peut démontrer la réalité de la voix intérieure que par le truchement d'exemples où l'intuition a servi de guide. Vous ne trouverez donc l'autoroute du bonheur et du succès que si vous vous mettez « dans l'axe du destin divin ».

Je vous propose une expérience. Prenez un tuyau quelconque (un rouleau de papier hygiénique vide fera l'affaire) et mettez-le devant un jet d'eau. Pour que l'eau y passe, vous devez placer le tuyau dans le sens du courant. Si vous le disposez à 90 degrés, donc perpendiculairement, l'eau ne le traversera pas.

Cette expérience, toute simple, renferme le secret de l'abondance et du paradis terrestre. Pour l'atteindre, il faut se placer dans l'axe du divin. Mais attention, cet axe n'est pas le même pour chacun : le flux divin coule dans toutes les directions. N'essayez pas de trouver le régime optimal pour les humains, le meilleur programme d'entraînement physique, le meilleur design de maison, le meilleur moyen de vaincre l'insomnie ou la meilleure position du *Kama Sutra*. Cherchez votre expression à travers **vos propres expériences.**

Et servez-vous du pouvoir des questions. Demandez-vous à chaque heure : « Que veut Dieu ? » ; puis : « Qu'est-ce que *je* veux ? » Comparez vos réponses à ces deux questions et voyez si vous êtes cohérent. Cette pratique ne vous ouvre-t-elle pas la porte d'un univers de possibilités incroyables ? Je parie que oui. Mais je n'ai aucun mérite : j'en ai fait l'expérience.

6

Rien de nouveau sous le soleil

Il y a quelque temps, je répondais à des questions durant une conférence portant sur le succès et les chemins qui y mènent. Un des participants m'a demandé ce que je pensais des cycles universels. J'étais heureux d'entendre ce genre de question dans une salle remplie d'entrepreneurs soucieux de croissance économique.

« Comment concilier la loi des analogies, qui dit que tout ce qui est vrai à un endroit doit aussi l'être ailleurs, avec le fait que Dieu ne fait pas deux fois la même chose ? » Ça, c'est toute une question !

Comme l'expliquent si bien des auteurs stimulants comme Daniel Meurois-Givaudan, notre univers croît en spirale. Chaque cycle comporte des ressemblances avec les précédents, mais l'aventure ne se répète jamais. En d'autres termes, tout n'est pas blanc ou noir. Une même loi peut être appliquée de deux façons différentes.

Si vous avez déjà cuisiné en employant une recette, utilisant chaque fois les mêmes ingrédients et suivant les mêmes étapes, vous savez que l'on n'obtient pas toujours le même résultat. Pourquoi ? Parce qu'il est impossible de vous servir exactement des mêmes ingrédients et de suivre exactement la même démarche.

Notre univers présente une foule d'exemples de phénomènes cycliques : les planètes sur leur orbite, les saisons, le cycle de l'eau, notre besoin de manger, etc. On peut donc se demander pourquoi ces cycles peuvent sembler linéaires. Prenez un Slinky dans vos mains (ce jouet en spirale, qu'on peut faire descendre dans les escaliers). Chaque segment est circulaire mais est disposé au-dessus de celui qui le précède.

Il en va de même pour nous et pour notre univers. L'humanité est en continuelle progression vers de nouveaux sommets de conscience et de nouveaux territoires à défricher. Voilà un bel objectif. La retraite à 60 ans, avec condo en Floride et télécommande collée à la main, ce n'est pas un bel objectif.

Tandis que nous en sommes encore aux préliminaires (je sais, vous voulez toujours en finir au plus vite avec les préliminaires, mais le vrai sexe ne se passe que dans les préliminaires – je reviendrai bien là-dessus dans un autre livre), je m'efforce de réveiller en vous des principes de base pour que nous puissions mettre tout ça en pratique.

Mais récapitulons. Pour recevoir quelque chose, **il faut le demander.** Et pour qu'une demande se réalise, il faut qu'on le veuille *vraiment*. Quatre choses sont nécessaires : la foi dans les lois mathématiques de l'univers, la patience, l'énergie et la vérité.

Pour vraiment vouloir quelque chose, **il faut être vrai.** Pour être vrai, il faut comprendre que le moi est la somme d'une foule de personnages qui s'arrachent le microphone de l'esprit, du cœur et de l'intellect. Il faut ensuite que chacun de vos masques tombe et qu'apparaisse votre vraie nature. De la sorte, l'opinion des autres ne sera plus jamais décisive.

Bref, vous devenez vrai lorsque vous acceptez de vous brancher sur votre voix intérieure. Votre petite voix essaie par tous les moyens de vous pousser dans le courant divin. La vérité n'existe pas. Seule *votre* vérité existe. Vous ne serez vrai qu'après avoir rejeté les modèles, les moules, les gourous, les dogmes et les idées préconçues, c'est-à-dire lorsque vous aurez accepté les spirales de croissance de l'univers.

S'il n'y rien de nouveau sous votre soleil, c'est que vous cherchez la chaleur sous le soleil de quelqu'un d'autre.

Partie 2

Nos incohérences

7

Le ménage

C'est lundi. Ma femme décide qu'elle en a assez des jouets qui traînent partout, des bras de Barbie sous le fauteuil du salon et des Hot Wheels dans le garde-manger. Disons qu'elle a atteint son seuil de tolérance en ce qui touche la liberté accordée à nos enfants. Je serai plus précis (et même un peu moqueur): selon moi, elle a atteint son seuil d'*intolérance*. Mais bon.

Animée de la même détermination que Lance Armstrong, elle enfile son maillot jaune de Madame Blancheville et passe un coup de fil à Monsieur Net et à l'agent Glad. Je ne suis pas jaloux, mais il est préférable pour moi de m'éloigner quelques heures si je ne veux pas passer dans l'aspirateur ou finir dans le même sac vert que les Hot Wheels.

À mon retour, curieusement, tout me semble pire. La poussière a monté à la hauteur des yeux, les sacs à ordures transforment l'entrée de la maison en une véritable forteresse et l'odeur d'eau de Javel me rappelle celle de mon maillot de bain après une baignade à la piscine. C'est l'enfer. Comment un grand ménage peut-il provoquer pareil chaos ?

J'ai l'air de dire n'importe quoi, mais ces considérations sont essentielles pour qui veut s'attaquer à ses masques. Le grand ménage, qu'il s'agisse de celui du garage, de la chambre des enfants, des pensées destructrices ou des masques, exige d'avoir une bonne tolérance au chaos.

Pour améliorer, pour nettoyer, pour désincruster, il faut se permettre **une phase de transition.** En d'autres termes, il faut se laisser respirer un peu. Il faut avoir la patience de la chenille tolérant son cocon avant de devenir un papillon. Vous ne pourrez devenir vrai que si vous êtes prêt à vivre cette période de transition.

La question la plus fréquente que m'ont posée les lecteurs de *Demandez et vous recevrez* est la suivante : « Comment dois-je faire pour trouver mon vrai rôle dans la vie ? » Seuls ceux et celles qui prennent leur place dans la danse universelle accèdent au paradis terrestre.

Trouver son rôle, jouer son *dharma*, est l'une des premières étapes à franchir. Pour cela, vous devez passer par une phase préliminaire tout aussi fondamentale, où vous avez à le... chercher. Alors, ce serait quoi, votre vrai rôle dans la vie ? Je vois un gros point d'interrogation rouge clignoter sur votre front.

Devez-vous passer des examens psychométriques, faire des analyses, rédiger un plan de carrière, suivre des programmes d'orientation, avaler une douzaine de livres sur le succès, vous faire tirer aux cartes, vous faire lire les lignes de la main ou écouter les tribunes téléphoniques de psychologie ? Rien de cela. Vous n'avez pas à faire quoi que ce soit.

Je le répète : pour trouver votre rôle, votre vraie fonction sur terre, **vous n'avez rien à faire.** Mais ne rien faire est une des choses les plus difficiles à faire. Pourtant, est-ce que la marguerite qui pousse cherche son rôle dans la vie ? Est-ce que les graines de tomates se tapent un questionnaire d'orientation pour savoir si elles ne devraient pas plutôt devenir des poivrons ?

De tous les êtres vivants, seuls les humains, avec leur puissant intellect, s'interrogent sur leur raison d'être. Bizarre, non ? Étrange que l'espèce la plus évoluée (en apparence) soit celle qui ait le plus de difficultés à se situer dans ses activités, prisonnière qu'elle est de son intellect et de ses dialogues intérieurs.

D'une certaine façon, ce questionnement est merveilleux, bien sûr, car il nous mène vers des interrogations comme : « Qui suis-je ? », « Qu'est-ce que je fais ici ? » En revanche, il nous prive du contact direct avec le reste de nous-même, c'est-à-dire avec le reste de la nature, dont nous faisons partie.

Bref, plus on pense, moins on goûte. Plus on réfléchit, moins on vit. À force de surcharger son intellect, de le bombarder de publicités, de réflexions interminables, de cinéma hollywoodien, de *Star Académie*, on meurt à petit feu.

Il est grand temps de **reprendre contact avec la vie.** Il est temps pour vous de rebrancher votre cordon ombilical à Dame Nature. Si votre vrai rôle ne vous vient pas spontanément, c'est que vous êtes bouché à l'intérieur. Désolé pour le langage un peu cru mais, quand on laisse tomber les masques, on se dit les vraies affaires.

Lorsque je dis « bouché », je ne parle pas seulement de votre corps physique. Je pense aussi à votre corps mental (ou astral) et à votre corps causal. Que vous y croyiez ou non, vous avez trois corps. Pas un, trois. Et vous en faites l'expérience chaque jour, à l'état de veille et en dormant.

Le corps physique est le siège des **sensations** — l'univers des objets. Le corps mental est celui des **émotions**, de l'**intellect** et de la **volonté** — l'univers de l'énergie. Le corps causal est celui de l'**acteur** — l'univers du témoin.

Lorsque vous mangez une pomme, il y a trois choses : l'acteur qui mange (corps causal), l'acte de manger (corps mental) et la pomme (corps physique). Toute la science du yoga (mot signifiant « union ») consiste à réunir ces trois corps en un seul pour atteindre le quatrième état, dit éveillé (« turiya » en sanskrit).

Je ne parle donc pas ici d'un petit époussetage, mais du grand ménage, **le ménage des trois corps.** Pour cela, vous devez enfiler des gants de caoutchouc jaunes (ou roses) qui montent jusqu'aux coudes et frotter, déraciner, décrasser, désinfecter vos trois corps. La vérité ne se manifestera que lorsque vous vous serez purgé de tous les déchets physiques, psychiques et spirituels que vous avez accumulés durant cette vie (et au cours des précédentes, tant qu'à y être).

Pour nettoyer le corps physique, je recommande les *asanas* (poses) de yoga, le jeûne, les massages, l'eau, les bains dans une rivière et la nourriture « à haute fréquence ». Dans la mesure où tout vibre, certains aliments possèdent une fréquence plus élevée que les autres et contribuent à la purification du corps physique.

Quatre critères permettent de distinguer la nourriture à haute fréquence des autres types d'aliments :

1. *La couleur et son intensité.*
2. *Le moment de la consommation,* par rapport à celui de la cueillette ou de la mort de l'aliment.

3. *Sa fréquence naturelle et son lien avec les six goûts* (le jeu des épices a son influence ici).
4. *La personne, ou plutôt l'état d'esprit de la personne qui l'a préparée.*

Par exemple, un fruit frais de couleur vive qui vient d'être cueilli a une fréquence plus élevée qu'un autre mis en conserve il y a six mois. Plus la nourriture est consommée rapidement après sa cueillette (ou après sa *mort*), plus sa fréquence est élevée.

Un poisson consommé sur la plage trois minutes après qu'il a été pêché vibre plus qu'un poisson mangé au restaurant trois jours après sa prise. Par ailleurs, les produits laitiers et végétaux ont en général des fréquences plus élevées que la viande, la volaille et le poisson.

Enfin, l'état d'esprit dans lequel le cuisinier ou la cuisinière prépare le repas a une grande influence. La meilleure nourriture que j'ai mangée (à part celle de ma mère) a été celle de moines qui préparaient des mets qu'ils offraient à Dieu en signe de dévotion. Selon moi, on ne mange jamais aussi bien que lorsque le ou la chef y met tout son art et tout son amour.

Je sais, ça fait un peu quétaine de parler d'amour comme d'un ingrédient, mais cette analogie est bien connue en Asie, où certains vont jusqu'à masser leurs vaches avec amour pour que leur viande soit plus tendre. Est-ce que ça marche ? Des éleveurs canadiens ont demandé à ces Asiatiques de leur montrer comment masser l'animal « avec amour » pour obtenir la même viande extraordinaire. Est-ce assez fort pour vous ?

Pour nettoyer le corps mental, la science de la respiration (*pranayama*), pratiquée avec attention, peut faire des merveilles. C'est aussi ici qu'entre en scène la pratique de la vérité, surtout la vérité envers soi, sa conscience et son cœur. Dans ce livre, nous nous attaquerons aux masques qui vous empêchent de goûter à la vérité (notre principal objectif est donc de purifier votre corps mental – selon moi, c'est celui qui souffre le plus chez les humains, qui sont continuellement soumis aux tracas de la vie moderne).

Pour nettoyer le corps causal, les mantras, ces étranges combinaisons de sons, souvent associées à des noms divins, ont des effets tout simplement spectaculaires.

Il existe de nombreux autres processus de purification, mais ceux-ci ont croisé mon chemin et m'ont permis de vivre des expériences assez percutantes, merci. J'ai passé bien des nuits sur le trône du royaume des latrines et je ne régnais pas sur grand-chose, croyez-moi. Je reviendrai plus loin sur le choix du rôle de vie. Pour le moment, occupons-nous du ménage.

Sachez qu'il vaut mieux pour vous de ne pas vous lancer tête baissée dans ce que vous croyez être votre rôle ou votre vérité si vous ne percevez que faiblement votre voix intérieure. Lorsque celle-ci vous fera éclater les tympans, vous pourrez sauter dans le vide sans parachute et vouer le reste de votre existence à écouter les directives que vous recevez et à prendre votre vraie place. Pour le moment, **place à la purification.**

◎◎◎

Je vous invite à approfondir les questions qui ont piqué votre curiosité dans les derniers paragraphes. Ce ne sont pas nécessairement des choses qui se trouvent au coin de la rue, mais, si vous voulez *vraiment* nettoyer vos trois corps, vous trouverez.

Encore une fois, le but que nous poursuivons dans ce livre est de *commencer* le ménage en nous attaquant aux masques qui vous empêchent de recevoir les directives de votre voix intérieure.

Tous les chapitres de cette deuxième partie sont un exercice de tir sur une foule d'incohérences servant de matière première à la fabrication de masques du corps mental.

Vous devez prendre des décisions pour qu'il se passe quelque chose dans votre vie. Si vous voulez du tout cuit, vous ne frappez pas à la bonne porte. L'action-réaction commence forcément par une forme d'action volontaire. Ce n'est pas en restant assis au fond de votre fauteuil que les choses changeront.

Autre point sur ce fameux ménage. Vous devez vous montrer **patient.** Tout ne se fait pas en criant ciseau. Lorsque vous aurez choisi de changer de vie, vous passerez d'abord par une période qui vous semblera pire. Vous devrez tolérer le désordre et, souvent, traverser des états encore plus pénibles que celui que vous tentez de modifier. Mais juste pour un temps.

Récemment, j'expliquais à Sylvie, une lectrice, qu'elle devait apprendre à faire preuve de patience. Que le ménage était manifestement en cours dans son cas, mais qu'elle devait « donner le temps à l'aspirine de faire effet ».

« Pierre, tu n'as pas quelque chose de plus rapide pour moi ? Je suis capable d'en prendre. Je suis vraiment prête à passer à autre chose. Je ne prends plus de calmants, et je veux trouver mon vrai rôle dans la vie. Je veux faire un ménage rapide et complet de ma vie. »

Je n'ai pas pu résister. Une si belle demande, faite avec autant d'insistance. Malgré mes mises en garde, Sylvie voulait un remède de cheval. Nous avons passé deux heures ensemble, et je lui ai montré quelques pratiques respiratoires. Mais je craignais que son appétit et son ego ne lui fassent passer outre aux directives.

Quelques jours plus tard, je reçois un appel de panique. La dépression et les idées noires étaient revenues. « Sylvie, vous voulez aller trop vite. Si vous avez mal à la tête, vous ne réglerez pas plus vite le problème en avalant la bouteille de comprimés au complet. Prenez la dose recommandée et patientez. »

Pour réussir votre ménage, vous devez **patienter.** S'il existait une pilule miracle, je vous dirais : « Avalez-la. » Je ne me casserais pas la tête à écrire un livre pour vous encourager à foncer. Si vous rencontrez des prétendus gourous qui vous disent qu'ils peuvent vous aider à tout changer en un rien de temps, que vous ne sentirez rien, que votre vie sera transformée si vous les suivez, sauvez-vous en courant. Ils mentent.

En fait, les véritables guides compliqueront votre vie. Ils la rendront même misérable pendant un temps. Pourquoi ? Parce qu'ils savent où vous voulez aller. Ils se fichent pas mal de ce que vous penserez d'eux. Vous avez demandé de l'aide, vous en recevrez. Mais ce ne sera pas forcément une aide douillette, mielleuse. Soyez prudent avant d'insister auprès d'un vrai gourou : celui-ci sait comment déclencher le grand ménage. Et en général, ça fait mal.

J'ai parfois haï mes gourous. Ils ont provoqué quelque chose en moi. Ils m'ont fait accoucher de mes poubelles intérieures. Ce sont des êtres exceptionnels. Je les ai détestés pour m'avoir mis un miroir devant les yeux. Je n'ai pas toujours aimé ce que j'y ai vu. J'ai d'abord blâmé ceux qui tenaient le miroir devant moi. Dieu merci, ils avaient le dos large. Le ménage a fini par produire ses effets. Aujourd'hui, je les aime pour m'avoir permis de les détester. Cela a rendu mon ménage plus tolérable.

8

Si vous ne pouvez pas le tuer, ne le mangez pas

Je suis en route vers Québec, où je dois donner une conférence. Mon ami Marc, qui m'accompagne, a soudain une petite fringale. Nous nous arrêtons dans un restaurant. J'ai appris à ne pas contrarier une personne chez qui l'estomac prend facilement le contrôle du cerveau. Le rationnel peut être plus fort que le cœur mais, chez la plupart des gens, c'est l'estomac qui décide.

Une fois la voiture garée, j'interroge discrètement ma voix intérieure pour savoir si la nourriture servie dans ce restaurant douteux peut convenir à ma fréquence personnelle. La poutine fera l'affaire.

Nous commandons, puis poursuivons notre route, horaire oblige. Quelques kilomètres plus loin, mon ami, hamburger en main, devient un peu sentimental alors que nous doublons un poids lourd transportant des porcs à l'abattoir. « Pauvres bêtes. Elles font pitié. Je ne sais pas comment ils font pour tuer ces animaux. »

Décidément, il n'y a pas de limites à nos masques. « Ah ! et puis merde. Si je ne lui dis pas, je garde moi aussi un masque. » Je lance donc à mon ami : « Tu sais, ton hamburger n'est pas fait avec de la pâte à modeler. »

Je ne suis pas du genre à juger les autres, mais l'incohérence, ça, je ne suis pas capable. C'est peut-être une faiblesse chez moi, mais tant pis. « Ces pauvres animaux, dis-tu ? S'ils ne sont pas tués, tu ne peux plus manger ce que tu as à la main.

– Je sais, mais je ne serais personnellement pas capable de les tuer.

– La Terre appelle Marc ! Alerte à l'incohérence. Pourquoi ne serais-tu pas capable de les abattre ?

– Je ne sais pas. Je ne suis pas violent. Je n'aime pas voir la souffrance.

– Incohérence numéro deux ! Je sais que tu vas me dire que les carottes et les plants de soya souffrent aussi lorsqu'on les déracine. C'est possible. Mais vois-tu, à mon niveau d'évolution actuelle, je ne ressens pas cette souffrance et je ne vois donc pas de difficulté à les "tuer". Peut-être qu'un jour viendra où je serai sensible à cette douleur imposée aux végétaux mais, pour le moment, ce n'est pas le cas. Donc je ne déroge pas au principe : je mange ce que je serais capable de tuer de mes propres mains. »

Le reste du voyage se déroule en silence. C'est comme ça. Le métier de détecteur d'incohérences a ses avantages. Je peux obtenir le silence quand je veux. Le message ? Il est simple. Pour entrer au paradis terrestre, pour augmenter sa **fréquence personnelle,** c'est-à-dire pour vibrer à des niveaux qu'on ne soupçonne même pas, on doit développer son **intégrité.** C'est tout un mandat.

Non, je ne vous donnerai pas de recette. Je ne vous dirai pas non plus de devenir végétarien, semi-végétalien, de ne manger que de la nourriture AB positif, ou contenant des pro-antioxydants, de boire moins d'alcool mais plus de vin rouge, et d'avaler trois portions de fruits cueillis localement par jour.

Je ne vous dirai pas non plus de calculer les calories que vous ingurgitez, de passer un test de cholestérol, d'éliminer le mauvais gras, de vérifier les quantités quotidiennes de lactose et de protéines que vous prenez. Je vous conseillerai simplement d'être **cohérent en ce qui a trait à vos croyances et à vos expériences** tout en demeurant ouvert aux autres points de vue.

Côté aliments, je ne vous donne que **cinq conseils**, question de vous soumettre à l'expérimentation, pour que vous mesuriez vous-même les répercussions qu'ont ces tests sur votre vie.

1. *« If you can't kill it, don't eat it ! »* (Si vous ne pouvez pas le tuer, ne le mangez pas.) Cette suggestion vous met directement à l'écoute de votre conscience émotive, laquelle est branchée sur la fréquence de votre corps et n'a donc pas besoin d'un diététicien pour savoir ce que vous devez manger ou ne pas manger. Prêtez-y attention pour faire vos choix.
2. *Les aliments sans additifs qui ont l'air appétissants* sont probablement plus riches, sains et délicieux pour vous.
3. *L'eau et le lait sont deux boissons divines,* comme l'enseignent les enfants et les grands maîtres, nos vrais gourous. (Alors au diable Montignac, qui prétend le contraire !)
4. *L'état d'âme du cuisinier ou de la cuisinière* qui prépare le repas a un impact considérable sur votre

corps mental (celui chargé d'énergie – je doute beaucoup que Jos, qui fait les hot-dogs au resto du coin et passe sa journée à se remettre de sa brosse de la veille en commentant chaque nouvelle qu'il lit dans *Dernière Heure* ou *VSD*, contribue à la qualité « ondulatoire » de ce que vous mangez). Comprenez-vous pourquoi la cuisine de votre grand-mère et de votre mère était toujours la meilleure ?

5. *Mangez moins.* Nous croyons que nous devons manger trois fois par jour pour être en bonne santé. Mais ce n'est qu'une habitude, et une mauvaise habitude selon moi. Sachez qu'on peut vivre très bien en ne mangeant qu'une fois par jour et en adoptant une meilleure façon de respirer. Cela dit, le repas en question doit être **bien équilibré.** Le corps recherche principalement les six goûts (sucré, salé, amer, astringent, acide et épicé), sources de toutes les fréquences essentielles.

Le détail de cette science se trouve dans le merveilleux *Ayurveda* (ou « science de la vie ») des hindous. Ce très vaste domaine de connaissances est un peu l'équivalent de notre médecine, avec ses champs de nutrition, de santé et de prévention.

Des dizaines de milliers de livres sont consacrés à l'*Ayurveda* en Orient et en Inde, où elle constitue l'un des principaux sujets d'étude. Cette « science de la vie » est par ailleurs de plus en plus connue en Amérique et en Europe. L'ère de l'information, la mode nouvel âge et l'industrie florissante du bien-être (le *Wellness Industry*) ont favorisé sa pénétration.

L'*Ayurveda* est aussi à l'origine du populaire Feng Shui, également basé sur une histoire de fréquences et d'énergie. Mais attention, l'*Ayurveda*, c'est bien autre chose que quelques roches placées sur le bord de la porte d'entrée pour équilibrer le côté terre, la petite chandelle posée sur le dessus de la toilette pour le côté feu et une fontaine ruisselant dans la chambre à coucher pour satisfaire le côté eau. (Ma femme dit que je suis un Feng Shui sur deux pattes parce que je peux stimuler rapidement les côtés terre, eau, feu et air: je m'appelle Pierre, j'ai la tête dure et je peux en quelques minutes vous mettre le feu au derrière et vous donner envie de prendre l'air en vous faisant suer à grosses gouttes.)

Bref, ce n'est pas la quantité qui compte, mais bien les **goûts.** Voilà pourquoi vous avez *toujours* de la place pour le dessert, même si vous avez mangé au point de vous faire éclater la panse. Dans ce cas, votre corps cherche simplement le goût de sucré qui lui manque.

Je m'amuse régulièrement à faire des expériences alimentaires. Faites de même et tirez vos propres conclusions. Plusieurs textes de l'*Ayurveda* recommandent de garder l'estomac rempli à moitié de nourriture et au quart d'eau, le reste étant réservé à l'oxygène. Si vous faites l'analogie avec le réservoir d'essence d'une automobile, votre compteur de nourriture devrait toujours être au milieu et vous devriez toujours avoir un verre d'eau à portée de la main.

Si vous êtes obligé de pousser la voiture jusqu'au garage, c'est que vous êtes en train de vous digérer. Si l'essence déborde sur votre pantalon, c'est que vous vous êtes empiffré. L'idéal est de manger moins et plus fréquemment, et de finir vos repas avec un demi-verre d'eau et deux ou trois minutes de respirations profondes. Allez, faites-en l'expérience, ça ne vous rendra pas malade (en tout cas, pas plus que lorsque vous mangez de la fondue chinoise pendant huit heures, digérant ce que vous mangez pendant que vous faites cuire le reste).

Ces cinq petites règles, ou expériences, pourraient contribuer à améliorer votre santé. Bien sûr, vous préférerez peut-être lire un livre complet sur l'alimentation, quelque chose de plus complexe. Je vous comprends : avec vos masques, vous avez appris à aimer ce qui est compliqué. Allez, pour le moment, contentez-vous donc de l'essentiel !

Comme vous l'avez probablement deviné, je vais maintenant m'appliquer à pointer une série d'incohérences avec lesquelles vous devrez vous battre jusqu'à ce que vous vous sentiez vrai avec vous-même. Vous devrez livrer un combat intérieur jusqu'à ce que vous soyez en harmonie avec vos comportements, vos choix et vos points de vue.

Vous avez aussi la permission de me détester. Je comprendrai. Après tout, j'aurai déclenché en vous bien des combats.

9

« Va te coucher, il est tard »

Pauvres enfants, ce qu'on peut leur dire comme conneries ! Pourtant, les enfants savent très bien quand nous ne sommes pas vrais. En vérité, ils ne font pas que le savoir, ils le *ressentent*. C'est par respect pour nous qu'ils ne nous balancent pas toutes nos incohérences au visage (remarquez, à l'adolescence, ils ne se gênent plus et finissent par vider leur sac).

Je me suis amusé à faire une série d'expériences avec mes quatre enfants pour vérifier leur réaction devant certains de mes états de conscience. Plus ils sont jeunes, plus ils réagissent spontanément. Je n'ai même pas besoin de parler. Ils sont capables de sentir les vibrations du corps mental – de percevoir l'aura, pour ceux d'entre vous qui aiment le langage nouvel âge.

Le pire dans tout ça, c'est que, peu importe la quantité de bêtises que nous leur faisons avaler, ils nous aiment autant. Nous restons des héros à leurs yeux. Jusqu'à ce que nos balivernes prennent racine en eux, bien sûr. À ce moment-là, nous ne sommes plus que des **obstacles.** Dommage. Mais comment vouloir qu'il en soit autrement si on passe son temps à parler à travers ses masques ? Ils imitent tout. Vous portez un masque ? Ils vous imitent avec ce masque.

Nos comportements avec les enfants représentent peut-être le plus grand ensemble d'incohérences. Juste pour le plaisir, **voici un top 10,** tiré de nos plus grands succès (et notez que les jeunes comprennent la traduction aussi bien que les adultes, sinon mieux).

1. *Avec un masque nous disons : « Va te coucher, il est tard. »* Sans masque nous dirions : « Fais de l'air que je puisse avoir la paix. »
2. *Avec un masque nous disons, en criant : « Ne crie pas ! »* Sans masque nous dirions, toujours en criant : « Ne crie pas, ne fais pas comme moi, qui n'ai plus le contrôle de mes émotions. »
3. *Avec un masque : « Ne mets pas tes coudes sur la table, c'est impoli. »* Sans masque : « Ne mets pas tes coudes sur la table, les autres vont penser que nous ne t'avons pas montré les bonnes manières. »
4. *Avec un masque : « Va me chercher une bière. »* Sans masque : « Je suis paresseux, va me chercher à boire ; j'ai payé pour toi toute ma vie, tu me dois bien ça. »
5. *Avec un masque : « Fais le ménage de ta chambre, c'est sale. »* Sans masque : « Déjà que ma chambre n'est pas tout à fait en ordre, peux-tu faire la tienne au moins ? Si ta grand-mère vient faire un tour, je voudrais bien qu'elle ne me juge pas. »

6. *Avec un masque : « Lève-toi, il faut que tu ailles à l'école. »* Sans masque : « Si tu ne vas pas à l'école, je vais encore devoir discuter avec ta directrice, et elle me tombe sur les nerfs. »

7. *Avec un masque : « Ne mange pas ça, c'est mauvais pour ta santé. »* Sans masque : « Comme je mange n'importe quoi, je compte sur toi pour racheter l'honneur de la famille ; alors, je t'en prie, ne mange pas ça. Et puis je veux qu'il reste des chips quand je vais m'évacher devant la télé une fois que tu seras couché. »

8. *Avec un masque : « Fumer et boire sont mauvais pour ta santé. Mais ce n'est pas grave pour un adulte. »* Sans masque : « Tes parents fument et boivent parce qu'ils aiment ça et parce qu'ils ont pris ces habitudes, qui ne sont pas toujours bonnes. Si tu fumes ou que tu bois, nous passerons encore pour de mauvais éducateurs et nous serons peut-être forcés d'abandonner nos habitudes pour sauver la face. »

9. *Avec un masque : « N'entre pas dans notre chambre, c'est interdit. »* Sans masque : « Moi, je peux aller dans ta chambre, mais toi tu ne peux pas venir dans la nôtre, parce que nous sommes des parents et nous ressentons le besoin d'exercer notre autorité. »

10. *Avec un masque : « Cesse de dépenser tes sous en bébelles. »* Sans masque : « J'aimerais, moi aussi, pouvoir dépenser mon argent comme toi, mais je ne le peux pas. Je dois payer pour toi. Alors, un peu de respect pour moi qui travaille. Économise et souffre avec moi. Achète des choses nobles. »

Je sais que ce n'est pas du tout ce qui se passe chez vous, mais bon, ça se passe dans bien des familles.

Je serai direct : pour recevoir, **les masques doivent tomber.** Il est temps pour l'humanité de dépasser enfin le stade de la stupidité et de voir plus loin. Voici encore **10 exemples** de situations où nous, adultes intelligents, sommes incohérents devant nos enfants qui, je le rappelle, vont tout faire pour nous imiter.

1. *Nous leur répétons de ne pas regarder trop la télévision* mais, dès qu'ils ont le dos tourné, nous avons le zappeur à la main.
2. *Nous leur disons de ne pas manger trop vite* et nous déjeunons en conduisant notre voiture.
3. *Nous voulons qu'ils respectent notre espace privé,* mais nous envahissons le leur sans leur demander la permission.
4. *Nous voulons qu'ils lisent, qu'ils étudient et qu'ils soient respectueux,* mais ils entendent chaque jour nos lamentations devant le bulletin de nouvelles de 18 h.
5. *Nous insistons pour qu'ils développent des pratiques sexuelles saines, mais nous leur racontons une foule de stupidités sur la sexualité.* Par exemple, nous leur disons que certaines parties du corps sont « à cacher ». J'ai toujours trouvé étrange que les parents se cachent de leurs enfants lorsqu'ils s'étreignent ou s'embrassent. Curieusement, quand vient le temps de s'insulter, on se balance ça en plein visage au grand jour, sans la moindre pudeur.

Peut-être que l'approche inverse aurait plus d'effet. J'ai grandi dans un environnement ou mon père (pardon, papa, de révéler ces secrets, c'est pour une bonne cause – cause médicale, si tu veux) ne se gênait pas pour donner une petite tape sur les fesses de maman au passage, sous nos yeux amusés.

Évidemment, chez moi, c'est la même chose. Je ne vois pas du tout pourquoi je devrais me cacher de mes enfants lorsque j'embrasse ma femme – notre jeu favori : s'embrasser assez longtemps pour que les quatre enfants ne puissent plus le supporter et qu'ils viennent essayer de nous séparer. Nous savons que nous avons réussi quand notre plus grande nous lance comme ça, avec son ton d'ado prématurée : « Trouvez-vous donc une chambre ! »

6. *Nous voulons qu'ils tiennent leurs promesses,* mais lorsque nous leur promettons de les emmener à la plage, au club vidéo, au McDo ou au magasin, nous trouvons une excuse pour ne pas y aller, question de masquer notre paresse.

7. *Nous espérons qu'ils auront le goût du travail* mais, souvent, lorsqu'ils demandent notre attention, nous la leur refusons en invoquant notre activité professionnelle. Le travail devient donc un ennemi qui leur vole l'attention de leurs parents.

8. *Nous leur enseignons que l'argent ne fait pas le bonheur et qu'il y a autre chose dans la vie.* Pourtant, ils nous entendent du matin au soir ne parler que de cela, ils nous voient jouer à la loterie et rêver de devenir millionnaires instantanément.

9. *Nous voulons qu'ils accourent dès que nous les appelons,* mais lorsque ce sont eux qui nous appellent, c'est toujours : « Plus tard, je suis occupé. »
10. *Nous exigeons qu'ils nous disent la vérité,* et nous, eh bien, nous avons nos masques.

La conséquence ? Nos enfants finissent par apprendre qu'ils ne doivent pas se fier aux adultes, que les humains doivent se protéger en se fabriquant des personnalités et des écrans, en se bricolant des personnages.

10

Apprendre par cœur

Séminaire de Québec, 1980. Salle de cours, 9 h 40. « Ouvrez votre manuel à la page 282. Aujourd'hui, nous allons étudier la trigonométrie. » Murmure de désapprobation dans la classe.

« La trigonométrie est une branche des mathématiques dont l'objet est l'application du calcul à la détermination des éléments des triangles... » Ronflement de mon voisin de droite.

« ... en passant par l'utilisation des sinus... » Reniflement dégoûtant de mon voisin de gauche – s'agit-il de son interprétation personnelle de l'utilisation des sinus ?

« ... au cosinus... » Réveil brutal de mon premier voisin qui a reçu une boulette de papier fabriquée par le second.

« ... sécante et cosécante [...] Je vous rappelle que vous aurez un examen là-dessus la semaine prochaine. Il faut tout apprendre par cœur ; les manuels seront interdits. »

◎◎◎

L'expression « apprendre par cœur » est l'un des exemples les plus frappants d'incohérence qu'on puisse trouver dans le monde de l'éducation. Le besoin d'apprendre est accepté par tous, pas de problème là-dessus. Mais que doit-on apprendre, au juste ? On apprend, vous l'avez deviné, à construire des masques. Voici comment.

1. On apprend à l'école qu'il faut se taire lorsqu'on veut parler.

2. On y apprend qu'il ne faut pas bouger lorsqu'on a six ans, même si son corps éprouve de tous ses muscles le besoin de s'élancer dans tous les sens pour se découvrir. (Et on s'étonne après d'avoir des enfants qui explosent à la maison, qui courent partout et qui déchargent sur les murs et les fauteuils toute l'énergie accumulée.)

3. On y apprend qu'on peut exceller si on développe sa mémoire. Nous apprenons donc par cœur ? Pas du tout. Nous apprenons grâce à l'intellect. Si c'était le cœur qui apprenait, nous finirions le programme scolaire en un rien de temps, puisque nous le ferions de notre plein gré.

   Apprendre lorsque nous détestons la matière et n'y trouvons aucun intérêt ne contribue qu'à nous dégoûter de l'apprentissage. Je n'ai encore jamais rencontré d'étudiants ou d'enfants qui ont refusé d'en savoir davantage sur un sujet dans un contexte de jeu.

   Je comprends très bien la situation des enseignants, qui doivent jongler avec les programmes du Ministère, des classes nombreuses et des parents portant des masques. La solution est difficile. Mais la complexité d'une situation ne justifie pas qu'on s'y enlise, sous prétexte que « c'est comme ça ». Nous avons le droit d'essayer de changer les choses.

Si la fonction première des écoles est d'offrir un service de garde pour que les parents puissent travailler, disons-le. Ne prétendons pas qu'elles existent pour des raisons d'éducation.

4. On apprend à l'école que, pour être populaire auprès de ses amis, il faut sécher les cours et défier les profs.

5. On y apprend que, si on veut obtenir les rares emplois qui seront disponibles à la sortie et éviter de finir dans la rue, on doit à tout prix être meilleur que ses amis.

6. On comprend plus tard que ce qu'on a appris à l'école n'a servi qu'à constituer un système de classement des ressources humaines pour le marché du travail. (J'adore cette expression : ressources humaines – « Oyez, oyez ! Venez visiter le Canada, pays de grandes ressources naturelles, comme le bois, l'eau, le minerai de fer, le pétrole et les humains. »)

Vous allez me dire que j'ai la critique facile. Vous m'avez mal compris. Votre absence de critique confirme que vous maîtrisez les lois du succès. J'essaie simplement de vous confronter. C'est le jeu du miroir. Si vous êtes indifférent à ces propos, ne faites rien, vous serez vrai. Mais si ceux-ci vous touchent, vous devez réagir. Je n'ai pas la prétention de dire qui a tort et qui a raison. Ce serait une perte de temps, puisque tout le monde a raison dans un univers relatif. Tentons plutôt de voir si vous êtes vrai avec vous-même et pourquoi vous tolérez vos masques.

Toutes les cellules d'un organisme ne sont pas directement concernées par une augmentation du taux de sucre dans le sang. Celles dont le rôle est la gestion de ce taux **doivent réagir rapidement.** Les autres ne seront touchées que si elles font mal leur travail.

Lorsque vous analysez le système d'éducation, que répondez-vous à la question: « Formons-nous des personnes qui aiment la vie et qui contribuent au succès de l'humanité ? » Oui ou non ? Si vous répondez non, baissez-vous les bras en disant qu'il n'y a rien à faire ?

Les enfants, les adolescents et les jeunes adultes les plus impressionnants que j'ai rencontrés au cours de mes recherches ont eu la chance d'explorer assez tôt leur propre passion et ont appris seul et avec enthousiasme ce qui leur a permis d'améliorer leur performance. Mon premier garçon a maîtrisé le calcul mental en un temps record lorsqu'il a voulu réussir un tableau dans un jeu Nintendo. Je sais, vous trouvez ça enfantin. Mais voilà justement la clé : **c'est enfantin.**

Ne dit-on pas « c'est un jeu d'enfant » à propos de quelque chose qui est facile à réaliser ? Le Royaume des cieux n'est-il pas ouvert aux enfants ? Alors, pourquoi ne pas permettre aux nôtres d'apprendre par le jeu, en fonction de leurs propres talents ? Pourquoi ne pas adopter, avec le jeu, un mode d'éducation plus cohérent ?

Consacrer de 12 à 20 ans à former des jeunes en respectant à la lettre le même programme, en leur faisant suivre le même sentier, n'a pas plus de sens que d'imaginer un corps humain où toutes les cellules devraient subir la même « éducation » avant de se spécialiser. Si la cellule du rein devait apprendre à voir avant d'apprendre à faire son travail d'épuration, nous aurions beaucoup de mal à filtrer nos liquides.

Bien sûr, certaines matières sont nécessaires à tous. Mais, selon moi, l'algèbre, la géographie et les sciences religieuses (pour ne citer que celles-là) n'en font pas partie. Ce n'est pas des dictionnaires sur deux pattes que nous devons former, **mais des êtres qui sauront se prendre en main.**

◎◎◎

Je vous vois venir: «Et vous, môôôsieur le physicien, quelles matières proposez-vous ?» Voici une liste de sujets importants. Voyez-vous, je dois aujourd'hui travailler certains sujets avec des adultes parce qu'ils n'ont jamais eu l'occasion de les aborder avant. Leur éducation leur permet de se plaindre sans faire de fautes d'orthographe – et encore... – et d'additionner les dollars dépensés chaque semaine pour leurs prescriptions et leurs polices d'assurance. Nous voilà bien avancés.

- *Apprendre à apprendre.* J'ai fait bien des recherches sur les gens qui disent mener les plus belles vies. Ce sont rarement des encyclopédies vivantes, mais ils ont tous une capacité extraordinaire à trouver rapidement des réponses à leurs questions. En s'inspirant de leur façon de faire, on peut apprendre à apprendre.
- *Savoir choisir son vrai rôle dans la vie.* La plupart des étudiants quittent l'université sans avoir songé sérieusement à leur rôle sur terre. Ils ont plutôt été orientés vers des carrières ou des emplois ayant des débouchés. Lorsqu'on ajuste l'éducation en fonction des débouchés, on crée souvent des gens bouchés.

- *Savoir comment fonctionnent les 11 systèmes du corps humain.* Scoop : nous sommes constitués de 11 systèmes. Vous l'ignoriez ? Évidemment, vous en savez plus sur votre voiture ou votre système de cinéma maison. Pauvre de vous.

- *Apprendre à respirer.* L'air est notre principale source d'énergie. Combien d'heures de formation avez-vous reçues à ce sujet ? Plusieurs textes sacrés enseignent comment respirer ; la question est traitée dans plusieurs centaines d'ouvrages. Savoir respirer est essentiel. Lorsqu'on le sait, on évite de très nombreuses maladies. Alors, irez-vous enfin prendre un cours sur la respiration ?

- *Savoir vivre au paradis.* Comme nous vivons dans un univers relatif régi par des lois mathématiques, leur connaissance (je parle des « sept lois du Tao des affaires », présentées à la fin du livre *Demandez et vous recevrez*) donne un avantage certain à celui qui veut réussir sur le terrain de jeu du paradis terrestre.

- *Connaître les pièges de la sécurité et de la compétition.* Lorsqu'on passe toute sa jeunesse à se faire enseigner des principes de rareté et de compétition, on passe sa vie d'adulte à tout vouloir accumuler et protéger. Le besoin exagéré de sécurité découle d'un manque de compréhension de la puissance de la coopération. Cessez de considérer vos concurrents comme des ennemis.

- *Développer sa créativité.* Comme n'importe quelle activité mentale ou musculaire, la créativité fait appel à des fibres, à des tissus qu'il faut développer

– attention, lorsque je parle de tissus, je fais référence aussi bien aux tissus physiques que mentaux (rappelez-vous les trois corps présentés dans *Demandez et vous recevrez*). Ces fibres, tout comme celles des muscles, se développent à force d'exercices. Et ce que l'on n'utilise pas, on le perd. Les enfants naissent créatifs, mais l'éducation appauvrit grandement leur créativité.

- *Gérer son énergie*. La conservation de l'énergie (mentale, physique et sexuelle) est l'une des sept lois du succès. La connaissance, l'accumulation et la gestion de l'énergie sont fon-da-men-ta-les. Je rappelle ici les principes élaborés dans mon livre précédent : selon la sublime équation $E=mc^2$ d'Einstein, tout est à la fois matière et énergie dans l'univers. Comme les enfants, vous faites partie de l'univers sous forme physique et énergétique. La saine gestion de vos réserves énergétiques est donc primordiale si vous voulez goûter à toutes les possibilités qu'offre la vie.

  En fait, vous devez apprendre à réduire les fuites. Les pertes d'énergie sexuelle, les soucis et un intellect qui fonctionne sans arrêt sont les trois principales causes de dilapidation. Gérer son énergie, ça s'apprend, comme les mathématiques et la géométrie.

- *Connaître le fonctionnement de la nature et de l'environnement*. Dieu merci, nous commençons à nous rendre compte que la planète est un organisme vivant (et conscient !), qu'elle doit être prise en considération lorsque nous discutons de croissance humaine ou économique. Pas de doute, le fonctionnement de la nature et de l'environnement, ça s'enseigne. Quand donc ajoutera-t-on cette matière au programme scolaire ?

- *Savoir comment vivre en couple.* Plus d'un couple sur deux se sépare. Ne serait-il pas temps de proposer dans les écoles un enseignement pratique relatif à la vie de couple, question d'améliorer le pointage global ? Imaginez un peu l'impact que cela aurait sur les familles.

- *Connaître les arts martiaux.* Les adeptes des arts martiaux parviennent plus facilement que les autres à gérer leurs pensées. Ils ont souvent davantage confiance en eux que le commun des mortels. Comme nous cherchons dans ce livre à augmenter le contrôle de notre intellect, et comme le corps physique est en étroite relation avec le corps mental, je considère que la pratique des arts martiaux devrait faire partie de notre quotidien.

- *Connaître la science des plantes.* L'étude des plantes et de leurs effets sur le corps et le psychisme me fascine. Je sais qu'il est plus facile d'avaler des comprimés quand rien ne va, mais nous pourrions parfois nous en remettre aux végétaux pour nous aider. Encore faut-il savoir quoi en faire.

- *Savoir apprécier la beauté.* Aujourd'hui, tout est quantité. Nous préférons avoir quatre téléviseurs ordinaires plutôt qu'un excellent. Nous avons tous 36 tasses à café, même si nous buvons toujours dans les deux mêmes. Et nous prenons toujours les mêmes parce que, dès que nous nous en servons, nous les nettoyons et les replaçons dans l'armoire devant toutes les autres. Nous voulons l'antenne parabolique offrant la plus grande variété de canaux, mais nous ne regardons pas plus de 3 % des chaînes, et nous ratons même nos émissions en faisant le tour de tous les postes. N'oublions pas que les arts procurent beaucoup de joie. Ce sont des portes ouvertes sur le moment présent. Apprécier la beauté s'apprend.

- *Savoir rire et faire rire.* Quelqu'un qui sait rire de lui et faire rire les autres a toujours beaucoup de facilité à attirer l'attention et à gagner l'affection d'autrui. Le rire a un effet énorme sur notre vie. Pourquoi ne pas en faire un élément essentiel du succès ?
- *Connaître l'entretien d'une maison et les réparations domestiques.* Ma femme aimerait que j'en sache plus sur le sujet. Si j'avais été menuisier, nous aurions évité bien des querelles et des dépenses inutiles. Je connais la capitale de plusieurs pays d'Europe, d'Afrique et d'Asie ; ça, on me l'a bien enfoncé dans le crâne à l'école. Mais cela me sert peu. Par contre, je sais que j'aurai encore bien des réparations à faire dans ma maison, et ça me stresse terriblement.
- *Développer sa mémoire.* « La mémoire est une faculté qui oublie. » C'est la seule chose que j'ai apprise sur la mémoire à l'école. Pourtant, c'est complètement faux. J'ai eu le privilège, plus vieux, de suivre des cours formidables qui présentaient des notions accessibles à tous et à toutes sur le développement de la mémoire. Aimeriez-vous pouvoir retenir le

nom et le prénom de toutes les personnes que vous rencontrez ? Imaginez, plus jamais un contrat perdu à cause d'un nom de client oublié. Lorsqu'on s'y consacre sérieusement, la mémoire peut devenir une faculté qui oublie... d'oublier.

- *Savoir gérer son argent.* Pourquoi faut-il absolument passer par la dure école de la vie pour apprendre à utiliser intelligemment une carte de crédit ? À quoi riment les intérêts composés ? Et en quoi l'accumulation d'argent dans un REER peut-il vous nuire ?

- *Savoir lancer une entreprise.* À l'ère de la vitesse et des communications instantanées, la création d'une entreprise (du moins, celle de son propre travail) est devenue incontournable. Je le répète à qui veut bien l'entendre : la majorité des gens qui mènent une vie exaltante ont un jour fait le choix de gérer eux-mêmes leur carrière. Ils ont choisi de vivre en fonction de leur vrai rôle et ont osé sauter dans le vide en optant pour la rémunération à la performance plutôt que pour un salaire régulier. Ils ont refusé de se conformer à un emploi convenant plus ou moins à leurs habiletés ; ils ont plutôt réglé leur travail sur leurs talents.

Vous en voulez encore ? Demandez et vous recevrez. C'est facile ; il y a tant de choses qu'on n'apprend pas à l'école...

- *Être à l'aise avec l'argent.* Vous seriez surpris par le peu de gens qui se permettent de goûter réellement à l'abondance. Ma foi, est-ce si mauvais que ça, l'abondance ?

- *Vaincre la peur.* La peur, vous l'avez lu dans mon livre précédent, est l'un des cinq ennemis du succès. Comme ça, vous regardez la télé 20 heures par semaine ? Combien d'heures consacrez-vous à vaincre vos peurs ?
- *Savoir tolérer les parents et les adultes.* Ciel ! Quel enfer que de vivre avec les adultes lorsque personne ne nous a dit qu'ils avaient tant de mal à s'avouer certaines choses ! Imaginez un peu la vie avec quelqu'un qui vous demande sans arrêt de dire la vérité, d'être propre, de ne pas crier, d'écouter vos professeurs, de respecter les autres et de ne pas taper sur les plus petits, alors que cet individu crie après son patron, menace de se débarrasser du chien parce que celui-ci prend trop de place, n'écoute rien des conseils de son mari ou de sa femme et se fait payer sous la table pour contourner le système.
- *Savoir trouver l'information.* Ah, parlez-moi d'un vrai cours pratique ! Au cours de mes recherches sur les personnes les mieux équilibrées et les mieux nanties, j'ai découvert de superbes paradoxes. D'abord, ceux qui savent trouver l'information qu'ils cherchent ne sont pas les personnes les plus intelligentes. Ils le savent et ne s'en cachent pas. Par contre, ils sont experts dans l'art de « trouver où trouver ». Ils ont appris à s'entourer des bonnes personnes pour pallier leurs limites et gérer l'information. J'ai bien dit « gérer l'information », pas « gérer des diplômes ».

- *Connaître les différentes cultures (pour développer la tolérance et le goût de la variété).* En dépit de l'opposition à la mondialisation, il est difficile de penser que les êtres humains peuvent encore former des nations distinctes. Nous pourrions bien sûr détruire tous les systèmes de télécommunication, faire exploser les satellites et anéantir Internet, la radio, les journaux et la télévision. Mais, de toute évidence, nous allons devoir apprendre à vivre dans une société planétaire. Aucune coopération ne sera possible autrement.

  L'une des meilleures façons de cultiver le goût de la diversité est d'exposer au maximum les étudiants (et les adultes) aux beautés et aux richesses des autres cultures. Pour ma part, je ne voudrais pas d'un monde où tous les pays auraient la poutine ou la raclette comme mets national. Comprenez-moi bien. Je n'ai rien contre la poutine et la raclette. Mais, si je me retrouvais au carnaval de Rio ou dans un resto en Thaïlande, la poutine, ce serait très peu pour moi.

- *Développer son intuition.* Je regrette, mais ça s'apprend. Et le plus tôt sera le mieux. Il s'agit de cette petite voix, vous savez, qui vous dit de tourner à gauche, alors que d'habitude vous prenez à droite et suivez cette rue qui, aujourd'hui, vous mène directement au pire bouchon de circulation de la semaine. Cette petite voix est **toujours là.** Elle crie de toutes ses forces, et il faut apprendre à l'écouter. Dans un cours sur l'intuition, on développe son oreille interne pour pouvoir entendre ses messages, lesquels sont la plupart du temps incompréhensibles pour l'intellect. N'avez-vous jamais eu le très fort désir de faire un certain geste, d'aller dans un certain lieu, d'appeler une certaine personne, un désir si puissant que vous n'avez pas pu y résister ? Et ce désir ne vous a-t-il pas apporté quelque chose d'extraordinaire ?

- *Développer son cerveau.* Ça ne vous alarme pas de vous faire répéter que le cerveau n'est utilisé qu'à 5 ou 10% de ses capacités ? Vous n'en avez pas marre de gaspiller toute cette matière grise ?
- *Savoir cuisiner.* J'ai appris avec les années que cuisiner est un des plus grands plaisirs de la vie, une façon de se détendre et de créer quelque chose pour soi et ceux qu'on aime.
- *Savoir voyager.* Il paraît que les voyages forment la jeunesse. Peut-être, mais encore faut-il savoir voyager et en avoir le désir. Selon moi, les voyages ne font pas que former la jeunesse ; ils contribuent à nous la faire retrouver en stimulant notre curiosité.
- Et, bien sûr, *connaître la physique* (si vous n'avez pas aimé la physique à l'école, c'est que vous n'aviez pas un bon professeur). La physique, la philosophie et la théologie sont trois sciences voisines qui posent à peu près la même question : que faisons-nous ici ? La physique aborde cette question par le truchement de l'expérimentation et tente de dégager des lois universelles ; la philosophie utilise la logique et le raisonnement ; la théologie suit le chemin de la réflexion spirituelle et explore les voies religieuses.

Ne me dites pas que tout ça ne vous donne pas le goût de retourner à l'école. Maintenant, un tel programme d'éducation est-il possible ? J'ai ma petite idée là-dessus. Les matières classiques sont essentielles à certaines fonctions. Mais elles ne deviennent vraiment fondamentales que lorsqu'on les greffe à notre rôle dans la vie, bref, lorsqu'il y a **de l'aventure et du piquant.**

Que serait-il arrivé si Einstein avait été absorbé par le modèle scolaire classique ? Si Mozart avait fait du rattrapage en mathématiques plutôt que de se concentrer sur ses gammes ? Le rôle, le talent naturel, c'est là que se trouve la clé. Chaque humain a **un rôle précis à jouer** dans la pièce de théâtre divine. Et il doit le trouver !

Il existe un énorme fossé entre la connaissance directe et la connaissance indirecte. La connaissance directe, c'est l'expérience de ce qui est appris, la connaissance vécue. La connaissance indirecte, c'est le reflet de la vérité.

La mémorisation de concepts n'est qu'un semblant d'éducation, une sorte de *grilled-cheese* sans fromage, de pâté chinois sans maïs, de brandade sans pommes de terre, de tarte aux pommes sans cannelle. Ce n'est qu'un avant-goût. La connaissance et l'éducation réelles ne débutent que lorsque l'intuition, l'expérimentation et le cœur sont de la partie.

Un enfant qui excelle en français mais qui lutte pour comprendre les mathématiques doit se taper des cours de rattrapage pour mieux compter. Selon moi, il devrait plutôt recevoir des cours additionnels de français. Combien de Molières avons-nous perdus en les envoyant en classe de rattrapage dans des matières qui leur donnaient du fil à retordre ?

Pourtant, les faits sont là. Les meilleurs joueurs de hockey se sont concentrés sur le hockey. Les meilleurs chanteurs se sont concentrés sur le chant. Les meilleurs dirigeants d'entreprise ont rarement toléré le système d'éducation. Lorsqu'on fait passer les diplômes et attestations avant le talent et l'action, on obtient un monde où les goûts et l'expression du vrai passent au second plan.

Comme nous faisons tous partie du corps de l'humanité, nous avons tous besoin que ce jeune inventeur, cette jeune artiste et ce sportif prometteur viennent jouer au plus vite leur rôle. N'est-il pas temps de commencer à apprendre par cœur plutôt que par obligation ?

11

Du cash ? Ouache !

« On ne peut servir Dieu et l'argent. » Puisque vous tenez tant à considérer l'argent comme la source de tous vos malheurs, parlons-en. Prenez une feuille de papier. Comptez le nombre d'heures que vous avez passées la semaine dernière à parler d'argent, à investir votre argent, à déposer votre argent, à réfléchir à comment faire plus d'argent, à surveiller votre argent et à calculer votre argent. Allez-y, faites la somme des heures que vous avez consacrées à cet épineux problème.

◎◎◎

Maintenant, dites-moi, qui servez-vous ? Dieu ou l'argent ? **Vous servez ce qui occupe constamment vos pensées.** Voilà ce que vous servez. Je ne voulais pas traiter d'argent dans ce livre. La phobie collective à cet égard est déjà suffisamment grande. Mais vous insistez tellement pour me parler de votre quête d'abondance que je ne peux faire autrement que de revenir sur le sujet.

« Pierre, parle-moi de l'abondance. » « Pierre, comment puis-je trouver l'abondance ? » «Pierre, j'aimerais tellement ne plus avoir à penser à l'abondance. » « Je n'arrive pas à voir l'abondance dans ma vie. »

Le problème est pourtant simple : lorsque vous cherchez l'abondance, vous supposez implicitement que vous ne l'avez pas. Dans la mesure où vos pensées font de vous un créateur, vous amplifiez votre état de manque par votre quête d'argent. Cessez de chercher l'abondance et acceptez-la. **Ouvrez les fenêtres.** Jouez votre rôle, soyez vrai, et l'abondance se manifestera. Vous n'en reviendrez pas.

Pourquoi certains semblent-ils nager dans l'abondance ? Pour une foule de raisons, dont **les 15 suivantes.**

1. Ils ont trouvé leur vrai rôle et le jouent à fond.
2. Ils aiment l'argent mais ne le servent pas.
3. Lorsqu'ils dépensent, ils n'ont pas l'impression de gaspiller, mais de contribuer à la richesse d'autrui.
4. Ils ne sont pas attachés à l'argent, donc ne le sauvegardent pas.
5. Leur rôle sur terre exige plus de liquidités (dans le corps humain, certaines cellules ont besoin de plus de sang que les autres pour bien remplir leur fonction).
6. Ils ne considèrent jamais l'argent comme sale ou mauvais.

7. Ils ont le sens de l'humour et savent rire d'eux-mêmes.
8. Ils ne perdent pas trop de temps à réfléchir ; ils agissent.
9. Ils sont prêts à tout dépenser aujourd'hui pour permettre à autrui d'assumer son rôle de vie.
10. Ils sont généreux.
11. Ils créent des solutions pour tous.
12. Ils fuient les occasions d'affaires.
13. Ils ont foi en la vie et en leur vrai moi.
14. Ils se paient la traite régulièrement et jouent avec l'argent comme on joue au Monopoly.
15. Ils choisissent ce qu'il y a de mieux pour eux.

Sur ce dernier point, par exemple, une de mes connaissances conduit des voitures de luxe depuis plus de 30 ans, mais n'en a payé qu'une seule. Comment cela se peut-il? Lorsqu'on achète ce qu'il y a de mieux, la valeur a tendance à croître. Comme cette personne choisit des modèles haut de gamme toujours en demande, chaque fois qu'elle change de voiture, le prix de revente est supérieur au coût d'achat. Comme quoi le principe s'applique partout, même dans le domaine automobile, où on a pourtant l'impression que tout se dévalue.

Lorsque vous considérerez l'argent comme l'équivalent du beurre, vous en trouverez facilement. En y pensant constamment, vous lui donnez de la force, une force de résistance. Comme on l'apprend dans les arts martiaux, on peut maîtriser un adversaire en utilisant l'élan et la force de ce dernier.

Essayez de passer 24 heures sans penser à l'argent. Vous aurez alors fait un immense pas pour l'attirer dans votre vie.

12

Les occasions d'affaires

« Pierre, j'ai une proposition absolument fabuleuse. Une occasion comme celle-là, tu n'en verras pas deux dans ta vie. Il faut à tout prix que tu trouves 25 000$. Tu vas faire toute une passe ! »

Combien de fois une personne m'a-t-elle dit qu'elle avait une occasion d'affaires incroyable, une possibilité inouïe de faire fructifier rapidement son argent, et qu'elle allait bientôt pouvoir jouir d'une retraite dorée (et anticipée, évidemment).

La passe de quoi, dites-moi ? Soyons précis : qui va se faire passer quoi ? Non ! Assez avec toutes ces foutaises. Faire du fric n'est pas un but dans la vie. L'argent est le bienvenu, pour autant qu'il soit de passage. Les vraies occasions ne sont jamais des occasions d'affaires. L'argent a tendance à se transformer en savon mouillé lorsqu'on court ce genre de marché ; il devient alors insaisissable. Les vraies occasions sont les **possibilités de jouer son rôle.**

Lorsque vous permettrez à l'argent de venir dans votre vie (en le tenant pour acquis), ce ne sont pas des chèques qui apparaîtront sur votre table de cuisine, mais des occasions de jouer votre vrai rôle. Mais encore faut-il que vous ayez trouvé ce rôle, que vous ayez fait le ménage et détruit bien des masques.

Un des masques (masque... à gaz) les plus courants pour ce qui est des affaires est celui de la Bourse. Évidemment, le marché boursier n'est pas mauvais en soi. Ce n'est pas non plus un moyen malhonnête de gagner sa vie. Comme le reste, c'est une manifestation de la créativité des humains, une autre voie, un sentier que nous avons à peine commencé à explorer.

En ce sens, même s'il crée beaucoup de misère et d'apparentes injustices, le marché boursier doit être considéré comme une aventure à vivre à fond. Cela dit, quelles sont vos raisons d'investir en Bourse ? Certains disent « jouer à la Bourse ». Est-ce un jeu pour vous ? Cela vous amuse-t-il ?

Suivant une mode récente, des entrepreneurs créent des sociétés « vides », que l'on nomme *shells*, ou coquilles, puis les enregistrent sur les parquets où se transigent des *penny stocks,* c'est-à-dire des titres à très bas prix. Imaginez, il n'y a rien dans ces entreprises, rien qui améliore quoi que ce soit dans la vie de qui que ce soit. Et quelqu'un les place en Bourse, à un certain prix, puis en vend les actions à un prix supérieur. Bon sang, mais il n'y a rien dans ces sociétés ! Et leur prix augmente ! Hello-o ?

Pire que ça, les spéculateurs (ce n'est pas le terme que j'ai envie d'employer) en font progressivement monter le prix, jusqu'à ce qu'une entreprise qui a vraiment besoin d'argent doive acheter une de ces coquilles à un prix déjà exagéré dans l'espoir de... faire une passe !

À mon avis, il y a **3 raisons** d'investir à la Bourse :

1. *Aider une entreprise à engranger maintenant les profits qu'elle prévoit réaliser plus tard* – cela, parce que le titre, voyez-vous, est évalué en fonction des dividendes futurs, calculés en dollars d'aujourd'hui. Y a-t-il un devin dans la salle ?
2. *Financer la croissance d'une façon légitime.* Lorsque les besoins réels de liquidités sont substantiels, le marché boursier peut offrir le capital nécessaire dans des délais raisonnables.
3. *Préparer le terrain à des transactions sur des coquilles.* Je ne connais pas beaucoup de secteurs qui attirent autant les « chercheurs d'occasions » que le marché de la Bourse. La spéculation sur les coquilles est un phénomène fascinant, pour ne pas dire complètement fou. C'est un jeu où chacun croit pouvoir trouver plus fou que lui (et, dans la majorité des cas, avec raison).

◎◎◎

Et les REER ! Je donnais récemment une conférence devant un groupe de directeurs des services financiers qui, armés de masques et d'opinions émotives, défendaient ardemment la nécessité de placer de l'argent dans des régimes de retraite (REER) et de jouer à la Bourse. J'ai alors demandé à l'un d'eux de me parler du fondateur de son entreprise.

Au bout de quelques minutes, j'ai avancé une question toute simple : « Votre fondateur a-t-il investi son argent en Bourse, dans un portefeuille équilibré ou dans un REER autogéré pour créer son entreprise ? » Réponse : « Euuuhhhhhh... »

(OK, j'avais fait des recherches et je connaissais l'histoire du fondateur en question – non, je ne suis pas méchant, taquin peut-être. Les masques me donnent de l'urticaire.)

« Votre fondateur a tout investi dans son projet, dans son rêve, dans son entreprise. S'il avait cherché à faire une passe, vous ne seriez pas ici aujourd'hui. Les occasions d'affaires n'existent pas. Si vous vous lancez dans quelque chose avec cette mentalité, vous avez déjà perdu. Si vous y allez par intérêt, ou parce que la vie vous dit d'y aller, vous ne pouvez pas perdre. »

Et hop ! un masque de moins.

13

La compétition

Quelques mois après avoir participé à un de mes camps de marketing, la propriétaire d'une entreprise fabriquant des bijoux m'appelle pour me parler d'un concurrent qui imite ses produits. Elle veut savoir quoi faire pour, disons, se débarrasser de cet irritant.

« Ça n'a pas de sens, Pierre. Il copie mes modèles. Et, pire, il les copie mal et vend ses reproductions à des prix ridicules. Je n'ai pas du tout l'intention de me laisser faire. S'il veut une guerre des prix, il va l'avoir ! »

Je laisse la dame vider son sac. Étape essentielle à la chute du masque, laisser la colère faire surface. « Vous voulez vraiment savoir ce que j'en pense ? » lui dis-je.

– Je vous ai téléphoné, non ?

– Parfait. Ne faites rien. Ou, mieux, donnez-lui vos dessins pour qu'il produise de meilleures imitations.

– Pardon ? Vous voulez que je donne mes modèles à quelqu'un qui essaie de me voler mes idées, mes clients et mon marché ?

– Tout à fait. »

Fin de la conversation.

◎◎◎

Quelque temps plus tard, je rencontre cette dame par hasard. Elle me raconte qu'elle a suivi ses pulsions, qu'elle a fait sa guerre des prix et qu'elle a gagné. Vraiment gagné. Son concurrent a dû déclarer faillite. Mais les remords l'ont alors assaillie : elle a envoyé un père de famille à la rue. De plus, le développement et la croissance de son entreprise la forcent à exploiter son commerce dans une section du marché plus populaire, le bas de gamme, où elle a besoin de main-d'œuvre et de distributeurs. Bref, où elle a besoin de son ancien concurrent.

◎◎◎

En affaires, vous le savez, il faut « lutter pour survivre, faire face à la concurrence, forcer sa position, agir en fonction de la loi du plus fort ». En somme, il faut manger ou être mangé. Pourtant, cela n'est pas nécessaire. La compétition est créée par ceux qui ont besoin de se prouver qu'ils valent quelque chose. Elle est la conséquence de la **fausse confiance en soi.**

« Je ne sais pas si je suis bon, donc je vais faire de la concurrence. Si je suis meilleur que les autres, ils me le diront.

Ça se saura. Peut-être aurai-je alors confiance en moi. Peut-être aurai-je alors un peu plus de valeur à mes propres yeux. »

Beaucoup d'êtres humains souffrent d'une carence affective, conséquence d'un traumatisme survenu à l'âge critique de trois, quatre ou cinq ans. À ce stade, les enfants doivent absolument recevoir beaucoup d'énergie. Je ne parle pas ici d'alimentation, mais d'énergie mentale, vitale. Et seule l'attention des adultes peut la leur fournir.

Cette nourriture est fondamentale. Lorsqu'elle fait défaut, le manque de confiance s'installe. Plus tard, à l'âge adulte, le besoin d'obtenir l'approbation des autres devient impératif. La compétition découle du besoin de se faire dire qu'on vaut quelque chose et qu'on mérite ce qu'on a.

Utilisons de nouveau la loi des analogies, la deuxième des sept lois du Tao des affaires. Que se passerait-il si les cellules se mettaient à se battre pour la nourriture ? Si le système parasympathique détruisait le système sympathique ? Si les muscles de traction anéantissaient les muscles d'extension ? Si le glucagon remportait la bataille sur l'insuline pour la gestion du taux de sucre dans le sang ? Le corps tomberait en panne, tout simplement. La collaboration de l'insuline et du glucagon permet l'apport d'énergie aux cellules. Collaboration et coopération, pas compétition.

Je sais, il faut suivre les lois du marché, et la concurrence assure des meilleurs prix. Il ne faut surtout pas, ciel non ! de monopole. Mais, le gouvernement, qu'il soit élu démocratiquement ou non, n'est-il pas en situation de monopole ?

Je ne suis pas là pour vous dire ce que je pense. Tout le monde s'en balance de ce que je pense. Le but de l'exercice est de vérifier si votre intellect et votre cœur s'entendent. Suivez-vous votre intuition ou jouez-vous au mouton qui cherche un berger ? Si vous acceptez le fait que chaque être humain naît avec un rôle précis à jouer, que chacun a une contribution particulière à apporter, et que cette contribution est essentielle aux autres, **vous admettrez que personne ne devrait chercher la compétition.**

Si vous acceptez l'idée qu'une intelligence infinie orchestre tout, comme le montre d'ailleurs la nature, si vous savez qu'il n'y a pas deux brins d'herbe, pas deux gouttes d'eau identiques, vous ne pouvez pas, logiquement, tolérer que le marché repose sur la loi du plus fort. Dès qu'une personne (donc une entreprise) a trouvé sa position, la société bénéficie de sa contribution.

Vous trouvez ça utopique, évidemment. Moi, non. Mais il faut beaucoup de recul pour accepter cela. Il faut beaucoup de vérité pour que chaque être humain, sans une quelconque forme de contrôle (c'est-à-dire sans une politique coercitive), choisisse son rôle et laisse aux autres leur place. Pour cela, les masques de l'avidité et de la cupidité doivent tomber.

◎◎◎

« Pierre, ton affaire au sujet de la concurrence, ça ne peut marcher que si tout le monde le fait ? » Pas d'accord. Si un certain nombre de personnes refusent d'écraser les autres pour réussir, nous aurons bientôt une masse critique d'individus éveillés qui jetteront l'énorme masque de la compétition à la poubelle. Vous voulez un exemple du prix que nous avons à payer pour cette compétition qui nous donne de soi-disant meilleures conditions et de meilleurs prix ? Parlons des brevets.

Un brevet assure à un inventeur le monopole des droits sur son idée pendant un certain nombre d'années (17 à 20 ans dans certains pays), forçant tous ceux qui ont des idées pour améliorer le concept à payer des droits ou tout simplement à s'en abstenir et à trouver autre chose. *Ça*, c'est payant pour tout le monde. *Ça*, ça nous avance beaucoup.

En tapant ces lignes, j'entends la musique de l'émission *Star Trek : La nouvelle génération.* Jean-Luc Picard, quel capitaine ! Allons, avouez que vous aimeriez faire partie de l'équipage de l'*Enterprise* et *« boldly go where no one has gone before »*. Avouez que vous aimeriez avoir un « réplicateur » pour faire apparaître votre nourriture. Que vous aimeriez avoir chez vous un *« holodeck »*, cette pièce où il est possible de projeter en réalité virtuelle les aventures de votre choix, même des aventures de... bon, vous voyez le genre. Ça ne vous intéresse pas ? **Vous mentez.**

Voilà ce dont nous privent les brevets. La fameuse sécurité nous empêche d'atteindre le niveau de réalité des *Star Trek.* Un niveau où nous n'avons tout simplement plus besoin des concepts d'argent et de profits. Où nous pouvons enfin plonger dans la véritable aventure, celle de la découverte de l'esprit humain (ou divin...). Un autre exemple ? Une histoire vécue ?

Un concessionnaire automobile voulait savoir quoi faire si un client se présentait avec des demandes ne correspondant pas aux impératifs de profit et aux modèles en inventaire. Ma réponse : « Dirige ton client vers le concurrent approprié. Mieux, accompagne-le et aide-le à négocier le prix de sa voiture. »

Vous imaginez sa réaction : « Tu veux que je conseille à un client de choisir une voiture chez un concurrent et, qu'en plus, je l'aide à faire le bon choix et à obtenir le meilleur prix ? Tu n'y vas pas de main morte ! »

Non. Fini l'ère de la main morte, c'est l'heure des mains vivantes. Un peu de courage ! Si votre client a besoin d'une voiture que vous n'avez pas, vous lui nuirez en lui vendant malgré tout l'un de vos modèles. Un jour ou l'autre, il s'en rendra compte et vous aurez perdu ce client pour la vie. Pire, il dira à tout le monde que vous êtes un opportuniste.

Mais si vous l'aidez à se procurer la bonne voiture, que se passera-t-il ? Peu importe le véhicule dont lui, sa femme ou ses enfants auront besoin plus tard (et nous achetons plusieurs autos dans une vie), il ira toujours vous voir en premier. En outre, votre attitude coopérative étant chose rare, il en parlera à tout le monde. C'est triste à dire, mais ce geste, qui devrait être la norme, est en effet très rare.

Ce concessionnaire a fait ce que je lui ai recommandé. Aujourd'hui, ses clients ne jurent que par lui. Il a joué le jeu de la vérité, il a choisi de bâtir des liens de confiance, non d'amasser des profits à court terme en abusant des gens.

Le but de ce livre, je vous le rappelle, est de vous confronter à votre réalité, de vous placer devant vos règles de conduite pour que vous puissiez vous dire honnêtement : « Je suis à l'aise avec cette façon de faire » ou « J'en ai assez de cette attitude et je dois la changer. »

Les deux choix sont valables **si vous êtes cohérent.**

14

Les garderies et les résidences pour personnes âgées

Tenez-vous bien, je sens que ça va faire mal. Tant pis, tant mieux. Si vous me trouvez trop dur, collez ma photo au mur et lancez-y des fléchettes. Mais si, plus tard, vous reconnaissez que vous avez fait preuve d'incohérence, postez-moi la vôtre que j'y plante quelques dards. **Deux points.**

1. *Que vous dit votre conscience lorsque vous entendez le mot « garderie » ?* Vous allez peut-être me détester, mais il est temps de mettre un terme à nos incohérences, surtout à celles que nous faisons subir à nos enfants. Êtes-vous en paix avec vous-même lorsque vous conduisez vos bouts de chou à la garderie, sachant qu'il ne recevront pas nécessairement, malgré les efforts du personnel, toute l'attention dont ils ont besoin ?

Que fait un enfant lorsqu'il *doit* obtenir de l'attention ? Un enfant en bas âge a besoin de nourriture pour son corps mental (astral), et cette nourriture est l'attention. Croyez ce que vous voulez, mais vous devez vous occuper non seulement de son corps physique, mais aussi de son corps mental. L'attention est essentielle au développement d'un enfant. C'est une question de survie. Je n'exagère pas.

L'enfant qui est obligé de se battre pour cette précieuse nourriture développe un certain comportement et certaines pratiques pour obtenir cette attention vitale (même s'il doit se faire punir pour cela): il tapera sur la tête des autres, détruira les jouets, pleurera, sera turbulent, sortira tout et ne rangera rien, etc. Plus tard, à l'âge adulte, ces comportements prendront chez lui une forme plus subtile, allant du rôle de victime à celui d'agresseur, oscillant de la colère à la dépression.

Plusieurs problèmes chez les adultes remontent à ce stade extrêmement important, que l'on peut situer entre trois et six ans. Bref, le développement d'un individu dépend beaucoup de l'attention qu'il a obtenue durant cette période. Mais, attendez avant de vous mordre les doigts. Il y a un deuxième point.

2. *Êtes-vous à l'aise avec l'idée de placer vos parents âgés dans un foyer* où, ici encore, malgré la bonne volonté du personnel, ils manqueront d'affection ? Si oui, **ne changez rien.** Mais si une lumière rouge s'allume dans votre esprit, **changez tout, tout de suite.**

> Décrochez le téléphone et faites un geste qui soit en accord avec ce que votre cœur vous dit.
>
> Votre conscience, votre intuition, **voilà votre vrai moi.** Si vous vous sentez coupable, c'est que votre choix n'est pas le bon. Avant de me dire que vous n'avez pas le choix, que votre situation financière vous force à faire ce que vous faites, permettez-moi de vous confronter. Qu'est-ce qui est le plus économique selon vous ?
>
> Avoir deux emplois, un Nintendo, l'accès à 100 chaînes de télévision et ses « vieux » en foyer d'accueil, souffrant de carence affective et de dépression, et tentant d'atténuer leur peine en prenant des médicaments ?
>
> Ou :
>
> Vivre une vie où les enfants et les grands-parents sont abondamment nourris d'attention et d'affection, ce qui réduit le nombre de chicanes, le stress et les maladies que provoquent les fuites d'énergie vitale ?

Écoutez votre conscience. Que vous dit-elle ? Pourquoi essayez-vous de la faire taire ? Elle possède la solution à vos problèmes financiers. Si seulement vous ne lanciez pas la serviette ! Dès que vous rejetez quelque chose qui vous fait souffrir, que vous fermez une porte, une autre s'ouvre. Demandez et vous recevrez, vous vous rappelez ?

« Si seulement c'était aussi simple », vous dites-vous. Si seulement vous arrêtiez avec les « si ». N'allez pas croire que vos justifications seront d'un grand secours plus tard, lorsque les regrets se mettront de la partie. Vous ne me croyez pas ? Faites votre enquête. Parlez à ceux qui vous diront qu'ils ont gaspillé leur énergie au mauvais endroit.

Combien d'adultes avez-vous entendus regretter pendant des années de ne pas avoir été assez présents auprès de leurs parents à la fin de leur vie ? Combien de drames sont cousus sur des querelles entre parents et enfants, querelles découlant directement d'un manque d'amour durant l'enfance ? Quelles sont vos priorités ? Ce n'est pas à moi de vous dire quoi faire. **Vous savez très bien quoi faire.** Écoutez votre cœur.

Vous trouvez sans doute bizarre qu'un physicien parle de cœur. Moi, je trouve encore plus bizarre d'entendre un parent parler de garderie si sa conscience lui dit que ce n'est pas une bonne idée. Vous vous demandez quelle mouche m'a piqué ? Si mes questions (souvenez-vous, je n'ai que des questions, pas des réponses) vous choquent, tant mieux.

La vraie question est la suivante : « Pourquoi les propos d'un fou de physicien vous dérangent-ils ? » Si vous êtes en paix avec vous-même, vous n'avez rien à en cirer. Mais certains masques sont en béton armé et recouverts d'acier trempé.

15

«Je te ferai confiance quand je serai mort»

Selon vous, quelle est la période de la vie où l'on a le plus besoin d'argent? Ma réponse: entre 20 et 35 ans. Pourquoi? Parce que c'est à ce moment que nous commençons la plupart de nos projets hors du cocon parental. Il faut régler ses dettes scolaires et lancer son entreprise ou se trouver un emploi. Et puis il y a l'appartement ou la maison, la voiture, la tondeuse, la machine à laver, la sécheuse, le grille-pain, les assurances. Suivent les bébés, les couches, les biberons, les couchettes, les marchettes, les lavettes, les brouettes, alouette.

Ce sont les années pendant lesquelles nous devons faire place à nos rêves, mais où nous avons aussi l'impression que tout nous arrive en même temps. Il faut choisir l'endroit où s'établir, se familiariser avec le monde du travail, les impôts et la vie de couple. Il faut apprendre à être parent, à concilier sa vie personnelle avec sa vie amicale et sa vie de couple (il faut dire adieu à sa gang de chums et troquer ses soirées de poker contre des soirées de Monopoly).

Puis on entre sans le vouloir dans le groupe des clients potentiels des banques et des compagnies d'assurance vie, qui bombardent leurs cibles d'offres de cartes de crédit « pour clients super privilégiés », de REER, de polices d'assurance et de plans de mise de côté dépeignant un futur sombre de naufragés à la Gilligan à ceux qui voudraient ne penser qu'au présent et profiter de la vie.

C'est l'époque cruelle où l'on découvre que le corps ne sera bientôt plus invincible, qu'on ne réussira plus à boire 12 bières dans une soirée sans avoir à subir la grève de nos organes durant la semaine suivante et que, désormais, la seule façon d'avoir trois orgasmes dans une seule nuit sera d'en feindre deux (ou trois). Bref, ça cogne dur.

Cette avalanche serait tolérable si elle s'arrêtait là. Mais non. Il faut non seulement apprendre tout ça, mais il faut aussi payer pour tout ça. C'est là qu'on s'ennuie de papa et de maman.

L'argent devient vite le principal sujet de conflit dans les jeunes couples et les jeunes familles. Le mot « argent » est prononcé mille fois par jour, et est généralement accompagné d'un juron, ce qui lui donne toute sa puissance. Les enfants ne font qu'entendre des expressions et des phrases comme « Maudit argent », « On ne réussira pas à passer le mois », « Chus donc tanné de pas avoir d'argent », « C'est de ta faute si on est encore dans le trouble, tu gagnes pas assez d'argent avec ta job. »

Ces virulentes discussions provoquent bientôt chez les enfants un profond dégoût pour cet outil pourtant neutre qu'est l'argent. Celui-ci est vite associé à la discorde entre leurs parents, qui se tiraillent sous leurs yeux. Et comme les parents sont pour eux ce qu'il y a de plus précieux, ils peuvent de moins en moins supporter l'ennemi monétaire. L'argent ne peut être que méprisable. Pas étonnant qu'ils rêvent ensuite d'une retraite à 25 ans.

◎◎◎

Pendant ce temps, quelque part, dans une banque... « Monsieur Leclerc, votre fonds de pension s'élève à 350 000 $, ce qui vous donnera à votre retraite environ 28 000 $ par année avant impôts une fois que cette somme aura été placée dans un certificat de dépôt garanti pour les 182 000 prochaines années. Surtout, rappelez-vous que vous ne devez jamais toucher à votre capital. Il en va de votre sécurité et de votre survie. »

Le fils de M. Leclerc, lui, en chicane avec sa femme de 29 ans et père de deux enfants (4 ans et 18 mois), tente de lancer une entreprise de conception informatique et travaille le soir (pour un salaire annuel de 22 000 $).

Bien sûr, le banquier du fils confirme régulièrement à ce dernier qu'il ne peut lui accorder un prêt de 30 000 $, faute de garanties. La maman fait quant à elle sa part en travaillant à temps partiel, mais les actifs de la famille et les comptes clients du commerce ne correspondent toujours pas aux exigences du servive de crédit commercial. En d'autres termes, cette petite famille est dans un cul-de-sac.

Elle passera donc les 20 prochaines années à s'évader d'un quotidien pesant à l'aide du cinéma et de la télévision, les enfants apprenant tout du manque d'argent et des limitations que cet ennemi juré apporte. Puis, vient le jour où grand-papa Leclerc décède. Son 350 000 $ de fonds de pension, capital bien protégé, revient en héritage au fils, qui est rendu à l'âge respectable de la retraite.

Fort des conseils de son nouveau banquier, celui de son père, il renouvelle le dépôt garanti en gelant le capital pour les 181 980 années suivantes, puis commence sa retraite avec 29 500 $ par année (et oui, un beau 28 000 $ indexé au coût de la vie). Fantastique. Ça valait vraiment la peine de se taper trois emplois pendant 40 ans pour pouvoir jouir des plaisirs d'une retraite à 29 500 $ annuellement, dont la moitié sera dépensée en médicaments et en assurances.

Les enfants du fils à la retraite sont maintenant à l'âge où tout se joue. Julie Leclerc, 22 ans, rêve de lancer son entreprise. Elle veut travailler fort dans la vie et a trois emplois afin de joindre les deux bouts, ce qui lui permettra de vivre un jour une « retraite dorée ».

Lorsque les petits-enfants toucheront l'héritage familial, ils auront 60 ans et, suivant la coutume, regèleront le capital pour une autre génération. Beau modèle, vous ne trouvez pas ? C'est à se demander si ce capital n'appartient pas à la banque.

L'argent de cette famille, qui croît d'héritage en héritage, est gelé en permanence dans une institution quelconque pour assurer la sécurité de grand-papa et de grand-maman. Entre-temps, les enfants et les petits-enfants goûtent à l'enfer sur terre à grands coups de cuillers à soupe.

Autrement dit (attention, le méchant physicien s'en vient), si je vous comprends bien, vous, parents et grands-parents, faites davantage confiance à un REER autogéré, à des actions, à un fonds étranger et à un certificat de dépôt garanti qu'à vos enfants pour assurer votre sécurité financière durant vos vieux jours. Et vous êtes surpris qu'ils ne vous visitent pas plus souvent ?

Trouvez-vous ça logique comme approche ? Considérez-vous vraiment qu'une banque soit mieux placée que vos enfants pour voir à vos intérêts ? Pensez-vous que ce genre d'attitude soit enrichissante et assure la stabilité de couples et d'enfants ainsi que la constitution d'un tissu intergénérationnel solide où tous ont à cœur la survie de la famille ? J'ai des doutes.

Je sais que vous aimez répéter : « Moi, j'ai gagné mon pain à la sueur de mon front et j'ai épargné de façon responsable. Je n'ai pas eu tout cuit dans le bec ! Mes enfants devront faire leur chemin et se débrouiller. C'est comme ça qu'on forme son caractère. » Je suis d'accord avec vous, ça forme en effet le caractère. Après 3 divorces, 14 emplois, 2 faillites personnelles et un enfant qui a fait de la prison, on n'a pas le choix que d'avoir le caractère bien trempé.

Nous vivons, je vous le rappelle, dans une société où plus de la moitié des couples divorcent, où les jeunes enfants grandissent en garderie, où le nombre de suicides est plus élevé que jamais et dont la population vieillissante possède des liquidités gelées dans des institutions financières.

Je vous repose maintenant la grande question : quel choix vous apparaît le plus logique et le plus humain, **faire confiance à votre REER ou à vos enfants** ? Si vous faites davantage confiance à vos dépôts garantis, quel message envoyez-vous à votre progéniture, à qui vous dites d'avoir confiance en la vie ?

Préférez-vous de jeunes familles obligées de vivre l'enfer sous prétexte qu'elles doivent « passer par là », ou contribuer à bâtir un monde où les enfants grandissent sans se méfier de l'argent, où les jeunes couples peuvent se concentrer sur la créativité réelle au lieu de chercher des expédients pour survivre ? C'est encore à vous d'examiner votre cohérence et de placer votre confiance à l'endroit où votre conscience vous dit de le faire.

Pour clore cette épineuse réflexion sur la gestion de l'héritage, je vous propose une autre question : n'est-ce pas la peur de finir dans la rue qui vous empêche de remettre à vos enfants votre capital (ou celui que vous avez reçu trop tard de vos parents), la peur de finir sans le sou, abandonné, seul, après tant d'années passées à bûcher pour cette retraite qui devait être si merveilleuse ? N'est-ce pas cela qui vous a poussé à vous isoler et qui a renforcé chez vous l'idée que l'on ne peut compter que sur soi-même ?

Mais si vous perdiez tout, demain, la semaine prochaine, le mois prochain, que feriez-vous ? Qui s'occuperait de vous ? Où seraient vos amis ? À quelle porte iriez-vous frapper ? Auriez-vous, grâce à vos activités antérieures, créé des liens solides avec des personnes prêtes à vous aider, quoi qu'il arrive ? Ou seriez-vous seul, à la merci des autres qui se frottent les mains en se réjouissant de votre malheur ?

Il s'agit là d'une question importante : si vous ne savez pas à quelle porte frapper, si vous ne cultivez pas de liens amicaux vous protégeant de pareilles éventualités, vous avez un masque à détruire au plus vite. Celui de l'indépendance financière.

L'indépendance financière, ce vieux rêve américain, **est une illusion.** Elle n'existe tout simplement pas. Personne n'est indépendant financièrement. Vous pouvez être indépendant en termes d'argent liquide, mais pas financièrement. Les êtres les plus indépendants que j'ai connus ne sont pas ceux qui ont le plus accumulé d'argent, mais ceux qui l'ont fait le mieux *circuler*.

Un petit secret (puis j'accorde une pause à votre cœur financier) : lorsque vous mourrez, vous perdrez **tout.** À la fin de votre vie, vous apprendrez justement à vous détacher de tout. La chose la plus importante, ce qui devra devenir votre principale préoccupation, sera d'accepter que vous perdrez tout.

Pourquoi ne pas commencer par perdre l'illusion que votre capital de retraite vous suivra ? Pourquoi ne pas gérer votre héritage différemment en donnant un coup de pouce à ceux qui vous aiment ?

En vous détachant de vos possessions, vous vous préparerez à la suite de l'aventure. Si vous voulez passer à autre chose après votre mort, si vous ne voulez pas refaire le même voyage (je sais, vous ne croyez pas à la réincarnation – tant pis) vous devez finir vos jours avec les poches et le mental vide, en vous abandonnant complètement au divin.

Autrement dit, réglez votre testament de votre vivant et préparez-vous à vivre vraiment libre avant de terminer votre séjour au paradis terrestre.

16

Les compromis

Tout le monde sait que, dans un couple, il faut faire des compromis, mettre de l'eau dans son vin, trouver le juste milieu. Tout le monde sait ça, non ? J'adore parler des compromis, de ces « promesses de cons ».

Deux personnes veulent quelque chose de différent en apparence et choisissent de s'en priver l'une et l'autre en s'entendant sur autre chose dont personne ne veut. Un compromis ne peut faire que deux frustrés. « Tant qu'à te voir gagner, aussi bien que personne n'obtienne ce qu'il souhaite. » Bravo ! Voilà une jolie façon de bâtir un couple.

« Moi, je veux la chambre à coucher en bleu ; toi, tu la désires en jaune. Alors, peignons-la en vert. Comme ça, il n'y aura pas de chicane. » Il n'y aura peut-être pas de chicane en surface mais, en profondeur, il y aura deux malheureux.

Les compromis, tels qu'ils sont présentés et *acceptés,* viennent s'ajouter à notre liste déjà trop longue de masques. Allons, vous n'allez pas me dire que ce que vous trouvez de mieux à faire lorsque vous n'êtes pas du même avis que votre partenaire est de chercher une solution qui ne satisfera personne ?

« Pierre, comment se sort-on de ce type de piège sans compromis ? Comment parvient-on à garder l'harmonie ? La pièce ne pourra pas être bleue et jaune en même temps. Que ferais-tu dans ce genre de situation, toi qui n'a pas de masque ? »

Soyez sans crainte, j'ai encore de nombreux masques. Ma femme et mes quatre enfants me le font comprendre chaque jour. Comme il ne faut surtout pas se gêner pour poser des questions et partager nos points de vue, j'y vais donc de mon humble avis, fruit des observations que j'ai faites sur les couples heureux.

D'abord, sachez que votre couple n'est pas constitué de deux mais de trois personnes. Oui, madame, vous pratiquez l'amour à trois depuis tout ce temps (le fantasme de votre mari, vous le réalisez quotidiennement). Et vous n'en profitez même pas ! Il y a vous, il y a votre partenaire ou votre « joint » (je refuse d'utiliser le mot « con+joint » – je trouve le terme « joint » plus significatif), et il y a le couple. N'oublions pas le couple. C'est une personne à part entière, la représentation androgyne de votre union.

En tant que membre du triumvirat, le couple a droit à la parole. Lorsque vous êtes trois à débattre d'une question, chacun doit donner son avis. La pièce peut être bleue pour lui, jaune pour elle, et verte pour le couple. « Voyons Pierre, direz-vous, ça revient au même. C'est juste une autre façon de parler de compromis, ton affaire. Tu ne fais que jouer sur les mots. »

Pas du tout. Avec le temps, l'entité « couple » prend de plus en plus de place. Les deux membres des unions les plus solides perdent même toute forme d'individualité. Les trois portions fusionnent en une seule. En observant ces couples où on peine à distinguer les deux moitiés, je constate chaque fois que ce type d'amour osmotique est l'un des plus beaux exemples d'éveil spirituel.

Si nous voulons un jour retourner à notre état d'omnipotence et d'omniscience, à l'unité divine, il nous faut au moins réussir à fusionner avec notre joint. Avant de vouloir « ne faire qu'un avec Dieu et assimiler la conscience de tous les êtres vivants et non vivants », il faut pouvoir endurer les chaussettes qui traînent sur le tapis, le couvercle levé de la toilette, les discussions qui s'étirent après l'orgasme, les commentaires de la belle-mère et la *Soirée du hockey*.

La progression est donc nécessaire. Je ne compte plus les jeunes couples détruits par une tentative de fusion complète dès les premiers mois. Le compte conjoint, la même carte de crédit, les mêmes loisirs, les mêmes lectures, les mêmes amis et, bien sûr, le même lit.

Invariablement, après quelque temps, les deux individus de cette relation à trois (lui, elle, le couple) se sentent trahis et perdus. Ils sont allés trop vite. Ils ont soudain chacun le goût de se « retrouver ». C'est le retour du pendule : les excuses, les conflits, les maîtresses, la jalousie, les engueulades, les amants. Le sabotage.

Prévisible. Le couple a pris trop de place, trop vite. Le tiers est devenu trop tôt trop grand. Un couple, ce n'est pas deux moitiés, mais trois tiers, je le répète. Lorsque deux musiciens veulent jouer ensemble, chacun apprend d'abord de son côté sa partition. Ensuite, ils passent un bon moment à accorder leurs instruments, tout en continuant à faire leurs gammes. Une fois qu'ils s'entendent, ils peuvent jouer à la perfection, sans même avoir à se parler. En les écoutant, on jurerait qu'il n'y a qu'un seul instrument. C'est la même chose pour un couple.

Je comprends votre envie de fusion. C'est votre être divin qui manifeste le désir de retourner à l'unité, à l'être sans dualité. C'est un élan divin. Mais n'allez pas trop vite. Ne vous perdez pas comme individu dès le début. La relation est encore trop fragile, et vous risquez de tomber dans le piège des compromis.

Tant que la chambre peinte en vert est pour vous un compromis, vous avez perdu. Le couple deviendra tôt ou tard une menace pour vous. On peut, au départ, donner quelques jouets au couple, mais chacun doit conserver son quant-à-soi. Plus l'harmonie grandira entre vous, plus la voix du couple pourra se faire entendre sans nuire aux individus.

Une fois que l'alliance est bien formée, personne n'a plus l'impression de faire de compromis. Le couple a pris toute la place ; on se surprend même à tenter de le forcer à céder aux désirs de l'autre. Je propose régulièrement aux jeunes couples pris au piège d'un compromis de changer leurs prémisses. Dans l'exemple de la chambre à coucher, il y en a une. La voyez-vous ? Il y a la prémisse « une seule chambre à coucher ».

Une chambre est une zone de couple, pour un couple où règne l'harmonie. Si lui la veut bleue, il doit l'avoir bleue. Si elle tient à ce qu'elle soit jaune, elle doit l'avoir jaune. Vous seriez surpris du fun qu'ont les amoureux à s'inviter dans leur chambre respective. Ce jeu permet au troisième joueur, le couple, de parvenir à maturité. À ce moment-là, le couple peut lui aussi demander à avoir sa chambre.

Le couple grandira jusqu'au jour où les fréquences et les goûts des deux individus fusionneront. Dès lors, la notion de compromis n'existera plus pour cette union qui s'est donné le temps de croître en fonction du rythme de chacun. Difficile à croire ? Voyez par vous-même. Regardez ces vieilles personnes qui ont passé toute une vie (sinon plusieurs...) ensemble. Elles complètent les phrases de l'autre, pensent à la même chose au même moment, se ressemblent physiquement. (Au point de nous taper sur les nerfs !)

Leurs fréquences se sont harmonisées. Le couple est devenu pareil à un enfant, conçu à partir des gamètes intuitifs des deux individus. Ils aiment les mêmes vins, les mêmes films, les mêmes loisirs. Ils se sont rapprochés à tel point que leur relation à trois est devenue une unité. Selon moi, la vie de couple, sans relation externe, est une des pistes les plus intéressantes pour parvenir à retrouver la divinité en soi. C'est une école sans équivalent pour apprendre à lâcher prise et à abolir l'ego.

Un compromis est le résultat d'une décision contraignante visant à ce que personne n'ait l'avantage sur l'autre. C'est le signe que le couple n'est pas encore prêt pour une fusion complète. Tant que ce souci (je vous rappelle que notre unique préoccupation dans ce livre est de comprendre le sens de vos réactions dans certaines situations ; nous n'analysons pas vos choix, mais votre cohérence face à ceux-ci) de compromis existe, prenez deux chambres à coucher, l'une bleue et l'autre jaune.

Viendra le temps où le troisième joueur aura suffisamment pris de place pour s'affirmer. À ce moment, vous voudrez vraiment tous les deux une chambre verte. Évitez les compromis et permettez à votre couple de jouir de sa relation à trois.

◎◎◎

« Psst, Pierre, nous n'avons pas assez de pièces pour que chacun ait sa chambre. Que fait-on alors pour la peinture ? » Mais voyons, un peu d'imagination ! Vous regardez tellement la télévision que votre créativité est au neutre. Trouvez une solution ! Installez un rideau au plafond pour couper la chambre en deux, une moitié jaune, l'autre bleue. Ou achetez un lit à deux étages, le bleu en haut, le jaune en bas. Un peu d'originalité ! Le couple n'en vaut-il pas la peine ? Si vous tenez à votre couleur, **ne faites pas de compromis.** Soyez créatif et amusez-vous.

Pour chaque compromis qui tombe dans votre assiette, écrivez chacun cinq solutions possibles et parlez-vous-en au souper suivant. Pas d'interdit, toutes les solutions sont recevables. « Psst, psst, Pierre, nous avons mis un rideau au plafond, mais nous voulons tous les deux la fenêtre dans notre moitié de chambre. Qu'est-ce qu'on fait ? Un trou dans le mur ? »

Alors là, j'ai une meilleure suggestion à vous faire : le célibat, ça vous dirait ?

17

Oui, oui, ouuuuui !

« Bonsoir papa.

– Bonsoir Timmy.

– Maman et toi allez vous coucher ?

– Oui, nous montons dans notre chambre. Nous voulons passer un peu de temps ensemble en amoureux.

– Est-ce que vous allez faire du sexe ?

– Euh, oui, peut-être, ça dépend, on verra.

– Papa ?

– Quoi, Tim ?

– Quand vous *faites* l'amour, est-ce que c'est parce que vous en manquez ?

– ... »

Ce qu'ils peuvent être géniaux, les enfants ! Et vous, avez-vous du sexe ou faites-vous l'amour ? Si vous faites l'amour, y en a-t-il plus après qu'avant ? L'acte sexuel est l'une des plus belles expressions du désir de fusion. Celui-ci est si fort que nous sommes prêts à presque tout pour répéter l'acte sexuel encore et encore.

La relation sexuelle nous permet de connaître un des plus grands, sinon le plus grand plaisir qu'offre la vie. Et il est merveilleux que ce summum résulte d'une fusion plutôt que d'une séparation.

Cela aurait dû d'ailleurs nous mettre sur la piste depuis longtemps. « Quelle piste ? » direz-vous. Comment ça, « quelle piste » ? Si la simple réunion de quelques organes peut produire autant de vibrations, imaginez un peu la sensation, l'incroyable feu d'artifice que provoquerait la fusion complète de vous et de votre vrai moi.

Je parle ici de la fusion de votre énergie de base, pure et animale, et de votre âme. Dans la plupart des cultures, la montée, le long de la colonne vertébrale, de cette énergie (qui porte une foule de noms sexy, comme Kundalini, Buto, Shakti, souvent associés à une déesse) est présentée comme étant l'une des clés de l'éveil et de la fusion avec le moi.

Chaque société religieuse a son expression pour décrire ce phénomène : *samadhi* en Inde, *satori* pour les adeptes du zen, *kia* dans certaines tribus africaines pratiquant le Kung, etc. L'étude comparative des religions et des peuples est fascinante. Elle nous apprend que nous sommes tous semblables, tous à la recherche de notre rôle et de l'expression de notre divinité.

Plus on étudie les similitudes entre les cultures à travers l'histoire, plus on comprend que la même énigme se pose constamment. Nous sommes dans la dualité, et notre but est de retrouver l'unité en expérimentant tout ce que le divin insuffle dans notre conscience afin de nous découvrir. Mais, pour cela, il y a des masques à ôter.

Pour ce qui est de la sexualité, il y a sexe et sexe. En soi, le sexe n'a rien de mauvais. Les animaux ont des relations sexuelles, c'est naturel. Mais vous avez sans doute remarqué que le sexe pour le sexe n'apporte pas de satisfaction permanente. C'est comme un bon grattage de dos.

Honnêtement, ça vous satisfait vraiment le « bing-bang, allez hop, cascade ! rrrrrrronflements » ? Vous n'en voudriez pas un peu plus ? Bien sûr que oui. Nous en voulons tous plus. Ne me dites pas que vous êtes au-dessus de ça, monsieur ! Et vous, madame, cessez de cacher vos frustrations derrière « la saleté du sexe ».

Le sexe est merveilleux, mais ce n'est qu'une étape, pas une fin en soi. C'est un indice laissé par Dieu (vous ?) pour vous permettre de retrouver le chemin de votre vraie nature. Le sexe est le fil d'Ariane, les graines de Hansel et Gretel, la carte au trésor de Peter Pan. Jouez avec le sexe, sans mensonges, mais ne brûlez pas votre corps et votre esprit au point d'épuiser vos « batteries » ; vous ne parviendriez pas à la fusion.

Croyez-vous sincèrement que les maîtres, les illuminés et les guides ont rejeté le sexe ? Pas du tout. Pour en avoir côtoyé plusieurs, je peux affirmer qu'ils l'ont *maîtrisé* (nous sommes loin du rejet). Ils en ont maîtrisé la pratique à tel point qu'ils ont dépassé la lutte contre la pression hormonale pour permettre à leur énergie vitale de circuler librement dans leurs corps (physique et mental).

Ils ont utilisé adéquatement les relations sexuelles pour aller plus loin. Ils ont poussé leurs recherches pour découvrir un plaisir supérieur à l'orgasme courant, à l'ivresse de l'alcool et aux états seconds des drogues. Ils ont dépassé le besoin sexuel, mais ne l'ont pas condamné. Ils savent que le sexe est un prélude à la véritable relation sexuelle, celle qui permet de changer « l'eau en vin », le fluide sexuel en fluide spirituel. N'en déplaise aux amateurs de Led Zeppelin (dont je suis), *Stairway to Heaven* existait déjà dans les textes sacrés égyptiens et hindous.

Je veux parler du fameux caducée de Mercure (aussi appelé Hermès, Tehuti, etc.), symbole de la médecine. Le caducée permet de sublimer l'énergie sexuelle et de découvrir la pierre philosophale, celle qui change le plomb de l'ego et de la dualité en or de la fusion divine (ouf, pour un physicien, c'est tout un jargon ! Mais, ne vous inquiétez pas, je rêve encore à la théorie de l'énergie unifiée, aux spins des électrons, au moyen d'extraire de l'énergie de la lumière, aux ancêtres des quarks et, bien sûr, je conserve précieusement mes photos d'Albert « Saint » Einstein.)

Que vous y croyiez ou non, ces phénomènes existent. Votre intelligence, celle qui voit aux trillions de réactions chimiques qui ont lieu chaque seconde dans votre corps, celle qui a conduit ce livre entre vos mains, s'occupera de vous en apprendre davantage sur ce sujet si vous gardez l'esprit ouvert.

Il existe des écrits vraiment intéressants sur la montée de l'énergie sexuelle (vous ne la connaîtrez jamais si vous ne cessez de considérer le sexe comme étant une pratique malsaine ou immorale). La mauvaise gestion de l'énergie sexuelle est la deuxième cause de séparation, après l'argent. Amants et maîtresses surgissent dès que l'énergie sexuelle est mal exploitée, mal explorée dans un couple.

Vous avez un amant ? Une maîtresse ? Parlons de ces masques. C'est une question de sexe, n'est-ce pas ? Poursuivriez-vous votre relation secrète s'il était hors de question que le sexe soit de la partie, si votre amant ou votre maîtresse vous disait : « Chéri(e), dorénavant, fini les guili-guili » ?

Soyez donc franc et dites-le tout haut : « Je veux plus de sexe ! » Je vous demande de m'excuser pour ma façon si directe de vous parler (ah, et puis non ! je ne m'excuse pas du tout, les masques doivent bien tomber un jour), mais si votre couple va mal, c'est que vous devez détruire vos croyances au sujet de l'argent, des compromis et du sexe. Cessez de vous cacher.

D'ailleurs, il faudra bien un jour ou l'autre que vous franchissiez cette porte. Le sexe *est* une porte. Celle-ci permet d'entrer dans le monde physique, mais aussi d'en sortir (toute porte permet d'entrer et de sortir ; relisez *La Genèse* en tenant compte de cela et voyez si Adam et Ève peuvent vous apprendre quelque chose sur la relation entre le sexe et le paradis).

Si votre conscience veut plus de sexe, c'est que ce qui se cache de l'autre côté de cette porte vous appelle. Il n'y a rien de mauvais là-dedans. Demeurez-vous souvent sous les cadres de porte ? Seulement lors des tremblements de terre, n'est-ce pas ? Pourquoi donc vouloir rester sous le cadre de la porte du sexe ? Allez, explorez l'au-delà des simples bing bang, m'ci m'dame.

Un proverbe égyptien dit : « Pour rebâtir l'œil d'Horus, il faut couper les testicules de Set. » L'œil d'Horus est le troisième œil, celui de la clairvoyance et de la sagesse. Horus est l'équivalent de Dieu, du Père, de Bouddha, de Krishna. Set, lui, est la luxure, la colère, l'avidité, la cupidité, la jalousie et l'envie. Il représente aussi les passions sexuelles déréglées, dont les fréquences sont trop basses pour que la vibration de l'amour puisse se manifester. Ce type de proverbe se retrouve dans plusieurs cultures parce que, je le répète, le sexe est important.

Mais ce n'est qu'un point de départ. N'y soyez pas accro. Pourquoi n'essaieriez-vous pas, à l'occasion, de ne pas vous rendre à l'orgasme et de laisser l'énergie se diffuser en vous ? (À l'occasion, hein ? Mettons, une fois sur cinq. Allons, un peu d'audace !) Laissez une chance à cette énergie curative de se transformer en puissance intérieure (une fois sur cinq pour commencer). Vous goûterez à une autre forme d'extase.

De temps en temps, durant la relation sexuelle, portez votre attention à différentes hauteurs de votre colonne vertébrale. Il s'agit d'un acte de concentration, pas d'un tour de passe-passe physique. Et ne soyez pas pressé. Là où vous porterez votre attention, là ira votre énergie.

Les rapports sexuels (ouache, quelle expression froide – « Oui, chef, j'ai fait mon rapport hier. Tout était rapide et précis. Merci, chef. ») ou plutôt les préludes de fusion (ah, beaucoup mieux) sont des professeurs de vie extraordinaires. Mais vous devez changer de point de vue à l'occasion et ne plus considérer le tout comme une partie de « pif, paf ! libération de pression ». Il faut, au contraire, faire monter la pression. Un peu de volonté et vous y goûterez.

Si vous acceptez de retirer ce masque, vous comprendrez pourquoi le fluide sexuel est un fluide sacré, qu'il ne faut pas gaspiller. Ce n'est pas un sujet de débat, mais une pratique et une expérimentation. Mais n'allez pas remplacer ce masque par un autre en vous mettant à crier partout que le sexe est péché, mauvais, sale. **Il est sacré.** Masque pour masque, le second est plus souvent qu'autrement à l'origine de comportements encore plus destructifs. L'énergie sexuelle refoulée par obligation n'a pas donné de très jolis résultats dans certains groupes religieux.

Alors, est-ce que le sexe est bon ? Oui. Même les p'tites vites sur la banquette arrière. Est-ce que l'abstinence est bonne ? Parfaite. Est-ce que la transmutation sexuelle est bonne ? Merveilleuse. Y a-t-il alors quelque chose de mauvais dans le sexe ? Oui, se mentir. Toujours la même histoire. Votre conscience est votre guide. Il n'y en a pas de meilleur. Suivez-la. Elle saura vous apporter, dans le sexe comme dans tous les autres aspects de votre vie, les éléments qui vous permettront de grandir et d'accomplir votre rôle, et tout cela, au bon moment.

Vous connaissez la célèbre phrase des guides : « Quand l'élève est prêt, le maître apparaît » ? Je vous en propose une autre : « Quand votre conscience est sincère, votre maître intérieur se met à l'ouvrage. »

Allez, bon sexe !

18

La politique

« Maudit gouvernement. Une belle gang d'escrocs. » Avant de blâmer qui que ce soit pour vos problèmes, penchez-vous sur vos propres croyances. Vous êtes en faveur de la démocratie, donc pour que tout le monde puisse faire valoir son opinion et ait le droit de vote mais, en même temps, vous jugez que la plupart de vos collègues et de vos voisins sont des moins que rien. Incohérence.

Vous demandez des élections tous les quatre ans, mais vous critiquez les politiciens parce qu'ils ne pensent qu'à court terme en prenant leurs décisions, dont la plupart ne visent qu'à améliorer leur cote de popularité en vue du scrutin suivant. Incohérence.

Vous voulez les meilleurs dirigeants, mais vous refusez que leur salaire soit supérieur à celui d'un fonctionnaire. Incohérence. Vous souhaitez que tous soient traités également, mais vous ne croyez pas que tous doivent avoir les mêmes fonctions et les mêmes responsabilités. Incohérence. Vous désirez un gouvernement de petite taille, mais vous tenez à ce que tout soit transparent, débattu et documenté. Incohérence.

Il ne faut pas attendre de miracles d'un système qui, structurellement, est axé sur le court terme. Imaginez une entreprise forcée de remplacer son personnel tous les quatre ans : changement de direction, de vision, de politique. (Je sais ce que vous pensez : « Ce serait parfait là où je travaille. »)

Les sociétés qui affichent les meilleures performances sont dirigées par des **visionnaires.** Et un visionnaire doit avoir le temps de cristalliser sa vision. Il doit avoir la liberté de l'implanter et de la développer. Le Dr Alexis Carrel, dans son classique *L'homme, cet inconnu,* soutient qu'un gouvernement devrait être composé de quelques personnes fortunées ayant la capacité de proposer des visions fortes à la population.

Personnellement, j'ai toujours aimé la monarchie, qui permettait aux rois de bâtir de grandes visions. Les entreprises qui ont du succès ressemblent souvent davantage à des monarchies qu'à des démocraties. Et dans bien des cas, la dimension démocratique y est plus apparente et moins détournée. Pourquoi ? Parce qu'alors que le chef d'un gouvernement démocratique cherche ultimement à conserver le pouvoir, le pdg, comme le souverain, peut se permettre de susciter la discussion parce qu'il n'a pas peur d'être détrôné.

L'idée, une fois de plus, est d'assurer la cohérence de ses pensées et de gérer ses attentes en fonction de cette cohérence. Reprenons l'analogie du corps humain et de la société, et élargissons la question politique à tous les peuples de la planète. À notre époque, il est de mise de considérer les humains comme formant un seul peuple, et de respecter les différences et les richesses qu'offre la diversité culturelle. N'importe quelle décision politique importante suppose donc de plus en plus une réflexion mondiale.

Dans le corps, chaque organe a un rôle précis, mais c'est la tête qui dirige l'ensemble. Mes recherches en mise en marché et mes nombreux voyages m'ont permis de constater que chaque peuple possède des habiletés qui lui sont propres.

Les Canadiens, les Français et les Allemands sont de brillants innovateurs. Les Américains, des génies du marketing. Les Arabes ne donnent pas leur place pour ce qui est de la vente. Et qui peut nier la productivité étonnante des Asiatiques ? Pourquoi donc forcer chaque peuple à exceller dans tous les domaines, alors que, globalement, nous avons des talents complémentaires ? Incohérence.

Le corps humain cesserait de fonctionner si chaque organe essayait de jouer le rôle du cœur, de l'estomac ou des poumons. Non seulement nous sommes incohérents d'un point de vue mondial, mais (pis encore) nous sommes intolérants. Tous devraient voir le monde comme nous. Rappelez-vous que, plus vous cherchez l'appui des autres pour imposer votre point de vue, plus vous faites la démonstration que vous ne croyez pas vraiment à ce que vous dites.

L'autre après-midi, je regardais un reportage sur la croissance du mouvement gai. Au cours d'un défilé, un manifestant manifestait contre la manifestation. Manifestement, il était contre. Tout à coup, deux dames amoureuses l'une de l'autre s'approchent de notre gars offusqué pour lui dire qu'elles s'aiment et qu'il ne faut pas rejeter l'amour, peu importe sa forme. Ce faisant, elles démontrent la même intolérance que celle qu'elles décrient. Lui exprime son intolérance face au choix sexuel des autres, elles s'opposent à son point de vue.

La partie, cher lecteur, se joue en vous. L'univers est le reflet de vos pensées et de vos croyances. Si vous êtes intolérant, vous verrez partout des exemples d'intolérance. Si vous souhaitez du court terme, vous serez entouré de groupements commerciaux et politiques qui ont des objectifs à court terme.

La politique ne changera que lorsque nous permettrons à ceux qui ont l'audace de s'y lancer (il en faut beaucoup lorsque ce choix est sincère) de pouvoir bâtir selon une vision et de faire des choix qui ne plairont pas à tous. Lorsque votre corps élève sa température pour détruire quelques indésirables, ce ne sont pas toutes les cellules qui, à court terme, sont d'accord. Si le corps devait tenir un référendum chaque fois qu'il doit déclencher une fièvre, il serait envahi de parasites.

Quel est le modèle politique idéal ? Vous connaissez ma réponse : ils le sont tous, si cohérence il y a.

19

Les gourous et les religions

« Om Mani Padme Hum », « Hari Om », « Je vous salue Marie », « Hare Krsna Hare Rama », « Dominus Sanctus, Amen. » Où en êtes-vous avec Dieu ? Je veux dire, comment justifiez-vous votre existence sur terre ? Priez-vous ? Cela vous met-il mal à l'aise ? Remerciez-vous le Seigneur avant de manger ? Si oui, pourquoi ? Si non, pourquoi ?

Petit exercice : complétez chacune des phrases suivantes avec ce qui vous vient spontanément à l'esprit.

– Pour moi, la spiritualité, c'est ______________________.

– Lorsque j'entends le mot « religion », je pense à ______________________.

– Le vrai Dieu s'appelle ______________________.

Bien. Il existe une multitude de croyances et de mouvements religieux. La première question est donc de savoir laquelle de ces religions vous fait vibrer. Laquelle vous attire le plus? (Peut-être aucune si, comme plusieurs, vous avez été forcé d'écouter des phrases bizarres en latin, sans explication décente, et d'obéir à la loi divine en craignant l'enfer.)

La seconde question est de savoir si vous êtes cohérent, quotidiennement, avec votre choix. Dressons une liste pour nous situer (pardonnez-moi d'avance pour les oublis). Parmi les principaux mouvements, groupes spirituels ou religions, on trouve:

- Le yoga de l'Inde, comptant de nombreuses branches – la philosophie Jaïn, le Vedanta, le Samkhya (dont les dieux sont Vishnu, Brahma, Siva, Kali, Ganesha, Hanuman, Rama et Krsna).
- Le tantrisme (origines indienne et égyptienne).
- Le yoga égyptien, avec le culte d'Horus (dieu central) et une ribambelle d'autres divinités.
- Le bouddhisme et son grand maître, Bouddha.
- La kabbale juive (l'étude de la création et de l'homme).
- La philosophie chinoise et le Tao (comprenant le zen et le *Tao Te King*, un ouvrage magistral).
- Le christianisme et le divin Jésus.
- L'islam et son valeureux chef Mahomet (j'ai un faible pour la branche du soufisme, avec ses derviches et ses musiques mystiques).
- Le druidisme, les groupes hermétiques et les mouvements systématiques, notamment les rosicruciens.

- Les cultures zoulou, dogon et yorouba.
- Les mystérieux groupes amérindiens.
- La religion de l'anti-relation où Dieu n'existe pas (groupes athées).

Voilà ce qu'on pourrait appeler les religions organisées. Toutes portent en elles des interrogations fondamentales et ont des pratiques précises. Lorsqu'on considère cet imposant menu, **3 questions** surgissent.

1. Qui a raison ?
2. Dois-je suivre un gourou ou puis-je parler directement à Dieu ?
3. Dois-je faire UN avec Dieu ou dois-je le servir ?

Analysons-les une à une et notons nos réactions. Première question : « Qui a raison ? » Comme nous sommes dans la partie portant sur nos incohérences, en voici une : pourquoi faudrait-il trouver qui a raison ? Pourquoi devrait-il y avoir un seul chemin vers Dieu ? Si Dieu est infini, on doit forcément pouvoir parvenir à lui de diverses façons ? Je ne suis qu'un simple physicien mais, si on me dit que Dieu est sans limite, je n'ai pas à faire une longue analyse avant de conclure qu'il peut être accessible d'un nombre illimité de façons.

J'ai rencontré de nombreux maîtres et gourous dans ma vie. Les plus grands ont toujours parlé avec amour, respect et compréhension des chefs religieux des autres confessions. Imaginez une montagne. N'a-t-elle pas de nombreux flancs, chacun ayant sa propre configuration ?

D'un côté, la pente est sablonneuse et brûlante. De l'autre, elle est humide et glissante. Sur un troisième versant, le chemin est raboteux, plein de cailloux. Certains décident de grimper en empruntant la piste de sable. À mi-chemin, ils crient aux gens en bas : « Mettez des sandales, c'est la seule façon de réussir. » Un autre groupe, montant du côté humide, corrige : « Rejetez les chaussures, car il faut être pieds nus pour réussir. » Les membres de la troisième confrérie hurlent quant à eux qu'il faut de bonnes chaussures avec de fortes semelles pour affronter les cailloux et atteindre le sommet.

N'ayant pu parvenir en haut, des membres des trois groupes se retrouvent au pied de la montagne et se disputent :

« Il faut des sandales, que je vous dis !

– Vous avez tort, il faut y aller sans chaussures. Je l'ai vu de mes propres yeux, c'est le seul moyen.

– Cessez de pester contre vous-même, vous êtes tous les deux dans les patates. Si vous n'êtes pas parvenus au sommet, c'est que vous n'aviez pas de bonnes semelles. »

C'est le capharnaüm. Ces petits gourous rassemblent des fidèles en montrant les marques laissées sur leurs pieds et leurs chaussures durant leur ascension ratée, tentant ainsi de démontrer qu'ils détiennent la vérité.

Pourtant, tous ces prédicateurs sont en bas. **Ils ont raté leur montée.** Ils ont manqué leur coup, parce qu'ils étaient trop occupés à dire à tous que ceux qui ne les suivaient pas empruntaient le mauvais chemin. Au lieu de se concentrer sur leur route et de suivre leur maître, ils ont cultivé leurs doutes et leur soif de pouvoir, et ils se sont perdus.

Nos masques sont très résistants lorsque nous les portons pour regarder Dieu et tentons de nous observer dans notre état original. Mais les maîtres qui atteignent le sommet finissent par se rencontrer sur la cime. « Aïe, toi aussi t'es rendu ! Comment ça s'est passé ? Pas mal ? Bien. » Je vois les Jésus, Bouddha, Mahomet et compagnie autour d'un bon feu au sommet de la montagne, chantant des chansons folkloriques et riant des gourous qui cherchent à imposer un chemin.

Deuxième question : « Dois-je suivre un gourou ou puis-je parler directement à Dieu ? » Ça dépend du chemin que vous préférez suivre. Et du gourou, évidemment. Chose certaine, les vrais maîtres vous diront tous que votre véritable guide est en vous. Le seul but du gourou est de vous l'indiquer. Si vous entendez autre chose, fuyez !

Devons-nous être sauvés ? Pas du tout. Nous devons nous sauver – de nos croyances et des pensées qui nous limitent. Nous sommes à la fois enfer et paradis. Jésus n'est pas venu nous sauver, il est venu ouvrir une piste que nous pouvons suivre si nous le voulons. Il en existe plusieurs. Il y a diverses expériences à faire. Mais attention, lorsque vous aurez choisi un chemin, vous devrez vous y tenir. Passer d'une pratique à une autre ne mène nulle part.

Imaginons un voyage en Floride. Il y a des dizaines de chemins et de nombreuses routes excitantes pour se rendre à Miami ou à Fort Lauderdale. Seulement, si vous vous dites : « Tiens, je me demande si l'autoroute 95 est intéressante » ; puis le lendemain : « Hum ! j'aimerais bien voir la 87 » ; puis, le surlendemain : « La 91 me semble pittoresque », en fin de compte, vous n'avancerez pas. Au bout d'un mois, vous aurez vu pas mal de bitume, mais vous serez toujours loin de votre destination.

Voulez-vous voir toutes les routes ou arriver en Floride ? Si vous désirez vraiment tout visiter, alors faites-le mais ne vous attendez pas à arriver à bon port. Il en va de même pour le développement spirituel. Si vous souhaitez expérimenter toutes les pratiques, faites-le. **Mais pour un temps.**

Prévoyez une aventure religieuse de 12 mois et changez de confession chaque mois. Dansez au son des tambours avec les krishnas, tournez sur vous-même avec les derviches, égrenez le rosaire chez les moines, pratiquez l'alchimie chez les adeptes d'Hermès Trismégiste, dévouez-vous à Bouddha, puis découvrez Patanjali, le maître du yoga. Et ainsi de suite.

Lorsque vous aurez fait le tour du buffet, choisissez votre chemin et soyez-y fidèle. Jusqu'en haut de la montagne. Toute une surprise vous y attend. Les guides, les maîtres et les gourous peuvent être utiles et très précieux si vous êtes capable de supporter la relation maître-disciple. Mais n'oubliez pas que vous êtes le sommet de la montagne. Je parle ici du moi divin.

Comment reconnaître un vrai guide ? Vous n'avez pas à le reconnaître. **Lui vous reconnaîtra.** En fait, vous saurez que vous en avez croisé un lorsque votre vie sera devenue pire qu'avant. Mais ne vous inquiétez pas, cela n'est que temporaire. Les vrais gourous ne vous donnent pas ce que vous demandez. Ils provoquent les expériences dont vous avez besoin pour progresser. Les miens m'ont rendu la vie très pénible. Ils se sont attaqués à mon ego – ils ont dû s'y mettre à plusieurs ; j'étais un cas difficile.

Un vrai guide accélère la destruction des masques. Il déclenche le nettoyage intérieur. Il est donc normal qu'il y ait « plus de poussière » dans les premiers temps. L'enfer. Un gourou arrache la dent sans anesthésie. Il ne se soucie pas de faire croire à une quelconque amélioration. Il lance du sel sur les plaies. Il est prêt à tout pour que son disciple triomphe. Même à se faire détester.

Un gourou sincère n'acceptera jamais non plus de conduire votre bateau à votre place. Il vous servira de phare, pas plus. Il vous dirigera ainsi vers votre gourou intérieur, en vous indiquant les masques que vous cherchez à conserver. Un petit conseil : ne demandez pas trop vite à en rencontrer un, à moins d'être bien masochiste.

Dernière chose sur les gourous. On ne les reconnaît pas à leur impassibilité, mais à leur façon de réagir devant les difficultés de la vie. Eux aussi ont des défis, mais ceux-ci ne les affectent plus, ne troublent plus leur conscience et leur bonheur intérieur. Les guides parviennent même à considérer le succès et l'échec de la même façon, c'est-à-dire comme l'expression de la volonté de leur moi. Ils sont en paix.

Troisième question : « Dois-je faire UN avec Dieu ou dois-je le servir ? Bonne question, mais elle n'a de valeur que tant que nous nous trouvons dans le monde de la dualité, où existe une différence entre « être Dieu » et « servir Dieu ». Dans l'absolu, les deux coexistent. Une cellule sert-elle le corps ou est-elle le corps ? Les deux. De son point de vue, la cellule sert le corps ou se sert du corps. Mais vue par le corps entier (celui-ci contenant la cellule), elle fait partie du tout. Elle est le corps.

Parmi les chemins qui conduisent à l'éveil, il existe des sentiers de dévotion consacrés au service divin – ce sont de merveilleuses pistes, où l'on entend souvent la phrase « Que ta volonté soit faite. » Et il y a les chemins d'expérience directe du divin, ceux des pratiques intérieures intenses. Allez-y en fonction de vos préférences.

S'il le faut, essayez différentes options et comparez les effets qu'elles ont sur votre vie, sur votre capacité à satisfaire vos désirs. La spiritualité se vit aussi dans la matière. Mais rassurez-vous, si Dieu ne vous intéresse pas, il ne vous embêtera pas.

La Porsche, le piano à queue, la maison au bord de la mer et de beaux enfants, voilà qui constitue aussi une excellente religion. Un des chemins vers le sommet. Mais, de grâce, pas de masques ! Surtout pas en matière de spiritualité.

20

Les emplois et les consultants

« Bonjour monsieur Morency. Je m'appelle Sonia et je suis coach de vie. J'aimerais vous rencontrer pour que vous m'aidiez à sortir de mon impasse financière. Je souhaite tellement aider les gens. » Aider les gens ? Vous voulez rire ?

J'ai souvent l'impression que le métier de consultant et la nouvelle mode des coachs de vie ne sont pour certains qu'un moyen de faire de l'argent sur le dos de leurs clients. Vous connaissez sans doute l'expression « les aveugles qui guident les aveugles ». Un de mes maîtres préférés disait souvent : « Un peu de connaissance est quelque chose de dangereux. » Attaquons-nous à ce masque d'acier.

Je ne compte plus les personnes qui me demandent comment améliorer leurs pratiques pour aider les autres. Ma première question est toujours : « Qu'est-ce qui ne va pas chez les autres et qui fait aussi défaut dans votre vie ? » Plus souvent qu'autrement l'argent manque, la famille est instable, la santé est mauvaise. Bref, le succès n'a pas encore été pleinement goûté.

Est-il vraiment raisonnable, lorsqu'on ne maîtrise pas ce qu'on veut enseigner, de devenir coach ? Les meilleurs consultants, coachs et conseillers que j'ai connus sont ceux qui avaient une histoire à partager. Par histoire, j'entends un sentier tracé par du vécu. Du *vrai* vécu. Une formation reposant sur l'expérience. Quelque chose qui se raconte avec émotion. Pas du verbiage ou des pensées rebattues, cueillies dans un livre ou au cours d'une conférence. Du *vrai* vécu.

Vouloir améliorer la vie des habitants de notre belle planète est louable. Il y a beaucoup de noblesse dans tout ça. Le but de chaque humain est de retrouver ses liens avec le divin, avec le grand tout (ce qui ouvre les portes du paradis terrestre et permet l'accès à tous les « jouets »). Mais le chemin le plus sûr, pour contribuer au succès des autres, **est de travailler sur soi.**

Pour convaincre quelqu'un, il faut le faire discrètement, en montrant l'exemple, pas simplement en utilisant des concepts. Il faut s'y prendre subtilement pour que la personne ait le goût d'améliorer son sort et en fasse elle-même le choix. Les vrais consultants sont plutôt des professeurs qui racontent leur vie pour que leurs élèves (je préfère « co-chercheur » à « élève ») tentent leurs propres expériences.

Au fond, il n'y a que des professeurs/chercheurs et des étudiants/co-chercheurs. (Pas de consultants. Pas de coachs de vie.) Les premiers racontent leur vie, les seconds cherchent à découvrir la leur. Les uns racontent leur vérité, les autres bâtissent la leur. Ne devenez pas coach de vie, soyez simplement un modèle.

Comment voulez-vous inciter les humains à atteindre le succès et les « extrêmes équilibrés » si vous vous battez pour boucler vos fins de mois ? Si c'est ce que vous faites, vous êtes (tout le monde en chœur) IN-CO-HÉ-RENT. Redevenez étudiant le temps qu'il faudra et goûtez à tout ce que vous voulez partager avec les autres. Collez-vous à quelqu'un qui mène la vie dont vous rêvez et observez-le. Et, surtout, ne commettez pas l'erreur de lui demander un emploi. Cette personne deviendrait votre patron, alors que ce qu'elle a de plus précieux à vous offrir est le récit de ses expériences.

S'il existe des consultants qui se cherchent à travers leurs clients, il existe également des étudiants qui se cherchent du travail. Lorsqu'on cherche un emploi, c'est tout ce qu'on trouve. Pourtant, ce n'est pas d'un emploi que les finissants ont besoin, mais de stages auprès de personnes qui leur serviront de modèles.

Le mode « éponge », vous connaissez ? Le masque du « je mérite un emploi », « la société me doit un travail », « le gouvernement doit me créer une job » est un véritable fléau social. Personne ne vous doit rien. Vous devez apprendre en offrant votre temps à celui qui vous enseignera, en échange, comment il réussit à mener la vie qu'il mène. *Échange*, pas salaire.

Les plus vieilles cultures de ce monde, dont les védiques, prévoient que, de la naissance jusqu'à nos 25 ans, nous devrions être en mode « éponge » et nous imbiber de la parole du maître, quitte à obéir au moindre de ses ordres pour recevoir ses enseignements et observer son mode de vie.

Avant de vous chercher un emploi, **cherchez qui vous êtes.** Offrez votre temps à la personne qui possède les connaissances dont vous avez besoin ; vous aurez ainsi accès à l'autoroute du succès. Les vrais professeurs n'enseignent qu'à ceux qui ont l'humilité d'apprendre. Et ils ne le font ni comme experts, ni comme consultants, ni comme coachs de vie. (Ce chapitre est commandité par Pierre Morency, expert, consultant et coach de vie... Mais non, ce chapitre ne propose que le point de vue d'un gars un peu fou qui sait qu'au fond il ne connaît pas grand-chose.)

La question, pour vous, est de savoir comment vous vous sentez après avoir lu les derniers paragraphes. Devriez-vous être professeur ou étudiant ? Avez-vous vécu des expériences qui peuvent servir d'inspiration aux autres, où cherchez-vous uniquement une occasion d'affaires en proposant des services de développement personnel ? Fouillez pour trouver les incohérences en vous. Creusez, grattez dans tous les coins et recoins.

21

Le karma : les règles du jeu

Vendredi soir, soirée de Monopoly avec les enfants. Ce n'est pas mon soir de chance. Ma plus vieille vient de mettre son premier hôtel sur Place du Parc, et moi, je me retrouve une troisième fois en prison. En attendant de rouler les dés et d'obtenir une paire quelconque pour sortir, je réfléchis à une question qu'un lecteur avide de connaissances m'a récemment posée par courriel. La vie de la majorité des humains ressemble beaucoup à celle des prisonniers. Sauf qu'ils ont eux-mêmes bâti leur prison.

« Pierre, je n'arrive pas à me convaincre que nous soyons à la merci de la loi du karma. N'y a-t-il pas quelque chose de plus constructif qu'une philosophie reposant sur le principe de la carotte et du bâton ? Je me sens comme un de ces chiens de course de Floride, qu'on fait courir en rond après un lapin en plastique vissé à une tige mobile. »

Je lui ai répondu ce qui suit : « Merci de votre franchise. La Loi de l'action-réaction peut parfois sembler lourde. Surtout lorsque nous réalisons que nous menons, pour la plupart, une existence semblable à celle des mules, qui travaillent toute la journée attachées à un harnais pour un peu de nourriture. »

La Loi de l'action-réaction existe depuis toujours et a porté divers noms : éternel retour, loi de cause à effet, loi de la justice parfaite, loi du karma, etc. Les Égyptiens la vénéraient sous la forme d'une déesse aimante, la divine Meskhenet. J'ai toujours trouvé intéressant que les deux plus vieilles cultures religieuses (selon mes recherches), l'hindoue et l'égyptienne, aient fait de l'amour maternel le principe de la Loi de l'action-réaction. Chez les hindous, la syllabe « ma », que l'on entend dans karma, fait référence à cet amour inconditionnel.

Seulement, il y a un problème. L'horrible masque imposé à coups de sermons aux fidèles tombés aux mains de faux prophètes : « Gare à vous, clament-ils, Dieu attend de l'autre côté, avec ses gros yeux de paternel fâché, pour vous juger et vous envoyer brûler en enfer si vous avez péché. Et n'oubliez pas que Dieu est amour infini. »

Ah ! bravo, franchement, bravo ! Pas étonnant que plus personne n'a envie de prier. Avec de pareilles incohérences, comment voulez-vous que des êtres intelligents aient une pratique spirituelle saine et fervente. Si Dieu est amour infini, comment peut-il nous attendre avec une brique et un fanal ?

« Toi, méchant garnement, arrive ici, ça presse ! Mets-toi à genoux dans le coin. Nous allons regarder ensemble les 8,3 milliards de fois où tu as été fautif. Pour chaque fourmi écrasée, tu auras 300 coups de bâton ; pour chaque mauvaise parole, tu te feras tirer deux fois les oreilles ; pour chaque regard lubrique jeté sur l'objet de tes désirs, tu te taperas deux heures de feuilletons. »

J'aimerais de nouveau attirer votre attention sur la dimension féminine de la loi du karma. L'amour d'une mère pour ses enfants représente le summum de la beauté sur terre. Comment pouvons-nous penser un instant que notre mère divine (Dieu, s'il est tout, est aussi mère, non ?) puisse avoir envie de nous punir après notre mort ? Je n'en crois pas un mot. Je pense plutôt que son amour est si grand qu'il va jusqu'à nous permettre de nous punir nous-même pour ce que nous avons fait.

Nous sommes et serons toujours notre vrai juge, notre bourreau. Notre conscience, libérée de ses masques physiques et mentaux, étudie notre registre (parfois appelé corps causal) et fait les comptes. Nous sommes nos propres comptables... (Ciel, moi un comptable, au secours ! Après toutes les blagues que les comptables ont faites sur moi, le physicien, je me venge. Tant pis, un karma de plus !)

Dans ce monde de relativité, nous avons admis certaines règles au départ. Nous avons accepté, avant d'arriver au paradis terrestre (ou dans l'enfer terrestre), de suivre la loi de la justice parfaite, qui veut que tout ce que nous fassions, et même tout ce que nous pensions, nous revienne un jour ou l'autre.

Suivant ce principe, chacun de nos désirs, du plus petit au plus grand, doit se manifester. Mais devrons-nous payer pour toutes les fautes que nous avons commises ? Oui et non, ça dépend de notre désir de poursuivre le jeu de la vie relative au cours d'une prochaine incarnation.

Si, à votre mort, vous avez une longue liste de désirs inassouvis, des désirs qui vous rongent et qui font que vous regrettez votre vie, vous serez votre propre juge et prononcerez vous-même votre sentence : « Tu es coupable de ces fautes, et tu es le bénéficiaire de ces bonnes actions. Tu as aussi dans ton registre causal une série de désirs à satisfaire. Va, voici ton paradis et ton enfer – tu retournes sur terre ! »

Qu'est-ce que la résurrection des morts, sinon la sortie du monde relatif ? Mais résumons les deux possibilités de jeu après la mort : si vous avez encore des désirs (ceux-ci n'ont rien de mauvais en soi si vous ne portez pas de masque), vous devrez choisir l'auto-jugement et la réincarnation. Vous déciderez vous-même de votre enfer et de votre paradis, en fonction des leçons à apprendre et des désirs à combler. Ce sera votre ego qui décidera. Pas votre moi divin. Le vrai moi, de toute sa force maternelle, aime sans condition, sans punition. Votre ego, votre *jiva*, se place de lui-même en position de juge pour faire l'analyse de vos karmas.

Est-ce que la réincarnation est une carte blanche donnée à l'intellect pour que l'individu se lance dans la débauche ? Oui et non. N'essayez pas d'obtenir de moi un oui ou un non ferme. C'est ça, le monde relatif. Et puis, qu'est-ce que la débauche ? Ça dépend du point de vue, de la vérité et des masques de chacun. Je vous conseille cependant de ne faire que les actions que vous jugeriez favorablement si vous étiez votre propre juge après cette vie.

La deuxième option est de terminer définitivement la partie en choisissant le non-jugement et la résurrection. Vous mettez ainsi un terme à vos demandes et vous vous tournez vers le monde intérieur. À vous de choisir. Poursuivre le jeu ou changer de jeu. Voilà, c'est tout.

Peu importe le choix, on parle toujours de jeu. De celui qui permet à Dieu de s'explorer de fond en comble, de se connaître sous toutes les coutures. La loi du karma n'est donc pas une fin en soi. Vous pouvez aller au-delà des contraintes de l'action-réaction. Le physicien en moi ne peut s'empêcher de faire ici référence à l'une des plus intéressantes découvertes en physique quantique. Il s'agit de l'expérience de Suarez, un de nos Einsteins contemporains, réalisée au cours de la dernière décennie.

Rappelons qu'en 1905 Einstein affirme que la causalité (la loi du karma ou de l'action-réaction) s'inscrit dans l'espace-temps. Les scientifiques considérant que notre monde se compose de quatre dimensions – hauteur, largeur, profondeur, temps –, le temps ne peut être mesuré qu'en fonction des dimensions physiques, d'où son nom de « quatrième dimension ». Sauf que...

En 1982, Aspect (c'est son nom) ébranle cette théorie en démontrant que deux particules peuvent avoir simultanément le même comportement sans qu'un quelconque lien existe entre elles. La causalité est remise en question de façon spectaculaire. Vingt ans plus tard, en 2002, Suarez dirige une expérience dont une des conclusions est qu'à l'échelle microscopique « le temps n'existe pas ». À cette échelle, des particules n'ayant aucun moyen de communication ou aucun lien apparent entre elles adoptent en effet des comportements similaires. Et le hasard n'y est pour rien. Wow !

Conclusion : dans le monde de la physique quantique, celui de l'infiniment petit, il n'y a plus de loi du karma. Fini, zip. Plus de cause à effet pour les particules microscopiques. Comme ce qui est en haut est comme ce qui est en bas ; il n'y aurait donc pas non plus de karma à l'échelle divine. Merci, les physiciens !

Les scientifiques donneront finalement raison à Dieu en démontrant que tout est lié ! Qu'il n'y a aucune séparation. Que nous sommes tous le même être. Évidemment, les plus pragmatiques ne le disent pas encore de cette façon. Mais ce n'est qu'une question de temps. « Oui mais, Pierre, le temps n'existe pas ! » Bon, bon, encore des comptables sceptiques...

Ceux qui le désirent doivent, après avoir complété leur liste de choses à faire et de désirs, **amorcer progressivement un processus de détachement.** C'est une des raisons pour lesquelles tant de groupes spirituels prônent le détachement dans les dernières années de la vie. Une autre sacrée bonne raison de donner à vos enfants vos possessions avant la retraite, et de transmettre l'héritage de votre vivant.

Pour nous retirer d'un jeu, nous devons donner aux autres joueurs nos avoirs. Sinon, ces actifs nous retiennent et nous devons continuer à jouer. Après six tours sans succès, six pitoyables lancers de dés, je réussis enfin à quitter la case « prison ». Ma joie est de courte durée. Je déplace timidement mon pion et j'atterris sur une case déjà occupée, celle d'un de mes enfants. Toutes les propriétés ont été achetées pendant que je poireautais au cachot. Je paie le loyer. C'est l'action-réaction.

J'aurais dû prendre plus de risques au début de la partie. Sacré karma. J'en ai assez de faire rire de moi. De toute façon, j'ai gagné la semaine dernière. Je donne donc à mon fils aîné mon seul terrain, sauvant ainsi ce qui me reste de dignité paternelle, puis je m'incline devant les joueurs. Je quitte le jeu.

22

« Démasquage » et récompense

Raide, cette deuxième partie, non ? Mon éditeur m'a demandé de ne surtout pas vous ménager... N'empêche. À votre tour d'agir. Demander, c'est bien, mais sans action, il ne se passera rien. Je vous invite à commencer dès ce mois-ci un programme de « démasquage » systématique. **Éliminez chaque mois un masque.** Rien de moins.

L'exercice débute avec un calepin, que vous traînerez partout avec vous, question de noter vos incohérences et de découvrir vos masques. Lorsque vous en trouverez un, vous l'écrirez et vous indiquerez le mois où il passera à la guillotine. Vous avez déjà de bons indices avec l'argent, l'héritage, l'éducation, la politique, la religion et tout ce dont nous avons parlé dans les autres chapitres.

N'oubliez pas que les incohérences en pensée sont aussi destructrices que celles en actes. Nous vivons dans un univers mental où la matière n'est qu'illusion. Nous vivons dans le rêve de Dieu. Les êtres y sont aussi réels que les personnages que vous croisez dans vos rêves.

Chaque fois que vous perdrez un masque, vous constaterez un apaisement. Ce sera comme si un poids vous était retiré des épaules. Plus vos masques disparaîtront, plus vous serez en mesure de transmettre la lumière divine, qui n'attend qu'un peu de transparence de votre part pour jaillir au grand jour. Mais ce n'est pas tout.

Ce n'est pas parce qu'on choisit de faire tomber ses masques que la vie doit devenir sombre et monastique. Au contraire. Nous, nous *désirons* une vie monastique. Nous voulons être les Gaulois du XXIe siècle qui aiment s'amuser, rire et boire de la potion magique.

Je vous propose donc de faire une folie pour chaque masque que vous perdrez. Choisissez chaque mois une date d'évaluation – le 15, le 20, etc. –, puis faites la fête si vous êtes satisfait de vos progrès. Une folie n'est pas nécessairement chère. Un bain de jello, par exemple, ça c'est une idée ! Essayez un mélange fraise-lime. Extra ! En fait de masque, il n'y a pas mieux. Si vous trouvez ça enfantin ou gênant, vous avez un autre masque à perdre. Oui, vous pouvez y ajouter du rhum, si ça rend le tout plus adulte pour vous.

Partie 3

Faites tomber les masques et trouvez votre vrai rôle de vie

23

Le nez de Pinocchio

« Papa, j'ai trouvé pourquoi le nez de Pinocchio s'allonge quand il dit un mensonge. » Je prête l'oreille ; un de mes petits gourous s'apprête à me faire une révélation.

« C'est parce qu'il veut sentir plus loin ! Il n'aime pas ce qu'il sent près de lui. » Intéressant. Je suis étonné. Mais c'est pourtant vrai. Lorsqu'on ment, on ne ment pas vraiment aux autres ; **on se ment à soi-même pour éprouver autre chose que ce que l'on ressent.** Malgré le mauvais côté du mensonge, il y a du bon à vouloir se « sentir » autrement.

Nous l'avons vu à plusieurs reprises : pour recevoir, il faut demander. Pour demander, il faut être vrai. Pour être vrai, il faut être cohérent. Pour être cohérent, il faut faire tomber ses masques. Jusque-là, tout va bien, direz-vous. Mais le problème, c'est que je ne serai pas toujours là, à côté de vous, pour vous dire: « Tss-tss, tu fais preuve d'incohérence là; ôte-moi ce masque. » Comment ferez-vous pour reconnaître vous-même ces masques suspects ? Le nez de Pinocchio, voilà comment.

Vous portez un masque lorsque vous sentez le besoin de mentir. Vous portez un masque lorsque vous avez besoin de créer *artificiellement* une autre réalité pour endurer la vôtre. Vouloir créer une nouvelle réalité n'est pas mauvais en soi. Par contre, ne la créer qu'artificiellement, comme une espèce de palliatif, ne donne pas grand-chose.

Gepetto, le papa de Pinocchio, a cherché à créer une nouvelle réalité en concevant un pantin de bois. Mais ce n'était pas un mensonge; il ne cherchait pas à cacher le fait qu'il n'avait pas de fils.

Je vous donne un coup de main: pour trouver vos masques et les détruire, vous devez déceler vos mensonges. Vous l'avez sans doute remarqué, dans le mot « mensonge », il y a le mot « songe ». Pour que vos demandes se réalisent, vos songes doivent être **vrais,** ils ne doivent pas mentir (mens + songe).

Pour créer une nouvelle réalité, un nouveau songe, il faut d'abord le sentir, le re-sentir. Il faut voir au-delà de l'état actuel des choses pour flairer d'autres vérités. C'est la phase du long nez. Comme ces réalités ne peuvent se matérialiser que si elles reçoivent suffisamment d'énergie (c'est le fameux $E=mc^2$ d'Einstein), vous devez allonger le nez et avoir une double perception pour un temps: celle du **point de départ** (nez court de la vérité temporaire) et celle de la **réalité recherchée** (nez long du mensonge qui deviendra vérité).

Vous ne remarquez pas quelque chose dans tout cela ? Quelque chose de magique ? Pour construire une vérité, il faut la trouver **par le mensonge.** Si nous ne sortons pas à l'occasion le nez hors des limites de notre monde, nous ne pouvons concevoir d'autres mondes. Évidemment, je ne parle pas ici du mensonge crapuleux, mais du mensonge du type « se jouer la comédie », qui permet d'inventer une nouvelle réalité. Celui grâce auquel « l'habit fait le moine ».

La vérité, pour moi, n'est que ma vérité. La vérité est relative. Elle peut être modifiée par la créativité. La créativité en est par conséquent l'origine, elle est le socle même de l'expérimentation du paradis terrestre. La vérité nourrit la conscience, et la conscience développe l'émerveillement. Lorsque nos masques tombent, nous éprouvons un élan incroyable de créativité, et sommes toujours prêts à inventer une nouvelle vérité relative.

Une fois cette vérité créée, nous la vivons un certain temps, puis nous pointons de nouveau le nez vers d'autres vérités. Notre créativité engendre toujours une nouvelle réalité, laquelle devient notre vérité à nous (pas forcément celle de tout le monde).

Plus nous vivons notre vérité sans masques, plus nous nous unissons à la conscience universelle, qui cherche à se laisser goûter, et plus nous contribuons à l'unité. Créativité, vérité et unité sont les trois mousquetaires du paradis ! Et comment choisir la bonne réalité ? Toujours la même réponse : **en étant en accord avec les aspirations de son cœur.** En laissant tomber ses masques. En devenant plus vrai.

Si vous voulez que vos demandes se matérialisent plus rapidement, il vous faudra non seulement être vrai mais aussi laisser toute la place à la créativité, sans vous inquiéter du lendemain. Autrement, si vous ne créez rien, vous ne parviendrez pas à faire tomber vos masques. Votre vérité doit s'accrocher quelque part.

L'accès au paradis terrestre dépend de votre capacité à jouer à Dieu. Et qui, plus que Dieu, pour aimer l'acte de créer? « Mais créer quoi ? » direz-vous. N'importe quoi ! C'est ça l'aventure, le mystère, la découverte du vrai moi, du moi illimité. C'est l'exploration de toutes les cavernes et de toutes les possibilités de l'être infini dont nous faisons partie.

Voici l'une des plus belles choses que j'ai découvertes au cours de mes recherches sur la cohérence et la vérité : vous ne pouvez pas faire tomber vos masques sans être créatif. Vous ne pouvez pas exprimer pleinement votre créativité sans être vrai avec vous-même. Et vos demandes ne sont jamais considérées par l'univers si vous nuisez à l'ensemble du système en n'étant pas vrai et en ne jouant pas votre vrai rôle.

Jusqu'où devez-vous pousser la vérité ? Ça dépend. Ça dépend de votre appétit pour le paradis terrestre et de votre degré de tolérance pour les masques. Je vous donne un exemple : l'autre soir, ma femme me dit qu'elle en a assez de tous ces animaux domestiques en liberté dans la maison. « Trop de poils partout. J'étouffe. » (Pas de doute, ma femme a sa propre définition du mot créativité – créer des problèmes là où il n'y en a pas.)

« T'as raison, chérie », dis-je. Normalement, cette réponse suffit à calmer le jeu et me permet de renvoyer le tout aux calendes grecques. Pas cette fois. Elle insiste pour que je règle le problème *immédiatement*. « Sois créatif, me lance-t-elle comme un défi. Trouve un endroit pour les animaux pour que je n'étouffe plus. » Que faire ? Raser tous les animaux de la maison (moi y compris) pour qu'il n'y ait plus de poils ? Embaucher une équipe d'entretien ménager ? Me débarrasser des animaux ?

Je me rappelle alors Pinocchio et son long nez. Les enfants aiment les animaux là où ils sont. J'aime les animaux là où ils sont. Dans ce cas-ci, impossible pour moi d'être créatif sans aller à l'encontre de mes propres croyances. Je prends donc mon courage à deux mains (au risque de devoir prendre autre chose à deux mains pour un certain temps) et je dis à ma femme : « Mon amour, les enfants et moi aimons bien les animaux en liberté chez nous. Nous aimons aussi que tu sois en liberté chez nous. J'ai donc choisi de transformer *ton* bureau en jardin zoologique intérieur et de t'offrir une place dans mon bureau. Les animaux auront leur pièce, et j'aurai le plaisir d'être avec toi durant les longues heures ardues du travail quotidien. »

Eh bien, elle a mordu. Les animaux ont maintenant leur pièce, avec échangeur d'air, jeux et tout le reste. Ma femme, elle, a ses ordinateurs, ses papiers, ses bibelots et tout le bazar dans mon bureau. Quant à moi, je me demande si je ne devrais pas déménager dans la pièce où sont les animaux... N'oubliez pas, le but est de faire tomber les masques et de demeurer en accord avec ses convictions.

Petit résumé de la démarche :

1. Pour que vos demandes se réalisent, vous devez jouer votre rôle de vie et être vrai.
2. Pour être vrai, vous devez nettoyer vos corps physique, mental et causal.
3. En nettoyant votre corps mental, vous devez faire tomber vos masques.
4. Vous portez un masque quand vous vous sentez obligé de mentir ou de (vous) conter des histoires pour vous justifier.
5. Une fois vos masques tombés, vous devenez vrai vis-à-vis de vous-même.

6. Qui dit « vrai vis-à-vis de soi-même » dit « en phase avec le rôle idéal pour lui sur terre ».
7. Ce rôle va immanquablement de pair avec une forme de créativité.
8. Lorsque vous touchez à la créativité la plus pure, vous ne pouvez que créer de la beauté autour de vous. La beauté est indice de vérité.
9. Lorsque vous créez du beau, en accord avec votre rôle sur terre, sans porter de masques, l'univers acquiesce à toutes vos demandes, parce qu'il veut vous voir continuer à jouer votre rôle dans le jeu du paradis terrestre.

◎◎◎

Nous avons parlé de ménage et de mensonges. Il ne nous reste qu'à parler de créativité, de vrai rôle et de beauté pour compléter le cycle que nous venons de décrire.

Avez-vous remarqué que, lorsqu'il s'agit de créer, Dieu ne se ménage en rien ? Vous avez déjà observé une fleur, non ? Quel gaspillage ! Voilà un luxe inouï, même si, le lendemain, paf ! plus rien. C'est le « je vis comme si c'était ma dernière heure ». Je n'ai encore jamais vu de fleur se faire un petit tas de terre en prévision du lendemain (nous appelons ça un régime de retraite ou une mise de côté). Tout ou rien. Et quelle beauté ! L'essence même de la créativité. Pourquoi se contenter de créer des situations, des images, des sons qui ne sont que « pas mal », alors que nous pouvons exprimer la beauté de mille façons ?

La beauté est à la vérité ce que l'instrument est au musicien. Entourez-vous-en. Je ne sais pas pourquoi vous persistez à croire que le luxe est mauvais. C'est l'esprit de manque qui vous fait penser ça en vous chuchotant : « On ne peut pas tout avoir dans la vie. » Une rose est un symbole de luxe incroyable. Le pelage d'un lion l'est tout autant. Votre propre corps est d'un luxe absolument fou (si vous ne me croyez pas, prenez un nouveau-né dans vos bras au plus vite).

Vous préférez souvent la quantité à la qualité. Pas que ce soit un mauvais choix. Non. Seulement curieux, de mon point de vue. Les artistes sont les vrais gourous de la beauté. Ils nous incitent à élever notre âme au-dessus des soucis quotidiens. Merci à vous ! Le beau ne peut être que vrai. La beauté est notre porte des étoiles, notre fenêtre sur de nouvelles dimensions.

Un petit exercice maintenant. Essayez de trouver quelque chose dans la nature qui ne soit pas un pur luxe. Même les couleurs des insectes les plus petits ont quelque chose de poétique. Ce sont de véritables kaléidoscopes sur pattes. Pourtant, il faut un microscope pour les voir ! Pourquoi se donner tant de mal pour pondre ces chefs-d'œuvre s'il n'y a pas de conscience (c'est ce que nous croyons, nous, les humains) pour apprécier le travail de l'artiste ?

Dieu est fou. C'est un sacré gaspilleur. S'il était humain, on le traiterait de flambeur, d'utopiste, d'insouciant, d'irrécupérable, d'artiste déconnecté ne pensant que névrotiquement à créer. Imaginez Dieu, assis, la chemise ouverte, en train de fabriquer une rose tout en fumant un joint... (ben quoi, c'est lui qui a créé toutes les plantes. Il peut bien en faire ce qu'il veut, non ?)

24

Quittez le chemin, laissez votre marque

Maintenant que nos masques chancellent, il est temps de passer en mode « succès ». Mais, d'abord, une petite revue de notre argumentation.

Le succès est quelque chose de relatif, mais il suppose la paix de l'esprit. Celle-ci, comme nous l'avons vu, commence avec la découverte du rôle de vie. Le rôle de vie ne peut être trouvé que si l'on a fait ou, du moins, amorcé le ménage des dimensions physique, mentale et spirituelle de son être. La chute des masques décrasse automatiquement le corps mental et permet à la vérité d'entrer en nous. Une fois la vérité installée, on peut jouer son rôle de vie et passer en mode « créativité ».

Ayant été créés à l'image de Dieu, nous avons pour but premier de nous explorer à travers la créativité dans l'unité du monde extérieur et du monde intérieur. L'utilisation consciente de la créativité pour parvenir à la beauté et à l'unité marque l'entrée au paradis terrestre, ainsi que l'accélération de la réalisation de toutes nos demandes.

Mais, maintenant, il faut créer quelque chose. Qui de mieux que Ralph Waldo Emerson, brillant philosophe du XIXe siècle, pour nous donner ici une définition du succès : « Le succès, c'est rire souvent et beaucoup, gagner le respect des gens intelligents et l'affection des enfants, mériter l'appréciation de critiques honnêtes et endurer la trahison des faux amis, apprécier la beauté et voir le meilleur chez autrui, et laisser le monde un peu meilleur après y être passé, que ce soit grâce à un enfant en santé, à un joli jardin ou à l'amélioration des conditions sociales. Le succès, c'est de savoir qu'au moins un être a pu respirer plus à l'aise parce que nous avons vécu. »

Autrement dit, le succès revient à laisser sa marque. Pour cela, il faut sortir des sentiers battus. Mais comment voulez-vous y parvenir si vous marchez continuellement dans les pas des autres ? Voilà pourquoi il faut créer. Je ne parle pas nécessairement de bâtir un empire. Emerson dit qu'un simple jardin peut signifier le succès. La création est le moyen grâce auquel le divin, la lumière, s'exprime à travers nous. Comme nous avons tous un (pas 50) véritable talent, nous devons nous efforcer de le trouver et de l'exploiter.

Qui dit « plus de lumière » dit « moins d'opacité ». C'est-à-dire moins de masques. Nous y reviendrons. « Cherchez le Royaume des cieux, et tout le reste vous sera donné par surcroît. » Au Royaume des cieux règnent la vérité, la cohérence, la beauté, le rôle de vie, l'unité et la créativité. D'abord le ménage. Ensuite la Mercedes et le chalet à Monte Carlo.

25

« Miroir, miroir, dis-moi qui est la plus belle »

Travailler sur soi, c'est bien, mais comment savoir si les méthodes et les pratiques que l'on préconise fonctionnent ? Que les répétitions de mantras, le régime aux bananes et les cours de yoga apportent réellement quelque chose ? C'est simple. Vous avez sans doute déjà entendu la phrase : « Vous êtes ce que vous mangez. » Je vous invite à utiliser, au cours du prochain mois, la phrase : « Vous êtes ce que vous voyez. »

Voici l'expérience. Prenez le stylo et le calepin de notes que vous traînez partout avec vous. Vous allez jouer au jeu du miroir, le même que celui du conte *La Belle au bois dormant*. Une montre vous sera utile si vous avez tendance à oublier. D'accord, je sais que je vous recommande de ne jamais en porter, mais faisons une exception cette fois. Vous n'avez pas besoin de la regarder, simplement d'entendre le bip-bip à chaque heure. Ce sera une sorte de rappel.

Donc, vous vous accorderez une pause de 30 secondes à chaque heure pour observer ce qui est autour de vous : le lieu, les gens, la température, etc. Est-ce beau ? Vrai ? Sain ? Est-ce en paix ? Rempli d'énergie ? Répondez à ces questions en notant ce que vous voyez. Inscrivez l'heure, l'endroit et ce que vous entendez.

Un proverbe dit : « Les petites personnes parlent des personnes, les personnes moyennes parlent des événements, les grandes personnes ne parlent que d'idées. » Les gens autour de vous, en ce moment, de quoi parlent-ils ? D'autres personnes, d'événements ou d'idées ?

Utilisez tous vos sens pour analyser ce que le monde vous envoie comme signes. Croyez-le ou non, ce que vous voyez reflète à la perfection votre état intérieur. Vous avez sous le nez le miroir de votre vie. Quoi de mieux pour mesurer vos progrès ? Quel outil fantastique et gratuit !

« Pierre, je crois avoir finalement fait la paix avec l'abondance. Je vais fonder un regroupement de gens prospères pour qu'ils partagent leurs idées. » Bien. Très bien. Bonne idée. Mais que voient vos yeux en ce moment ? Vous confirment-ils que vous avez bel et bien fait la paix avec la richesse, ou cherchez-vous encore un moyen pour boucler vos fins de mois ?

Ne vous y trompez pas, votre intellect peut vous jouer des tours et vous raconter bien des histoires. Vous pouvez croire que vous avez appris à maîtriser la colère, que vous avez fait la paix avec l'argent et que vous vous acceptez comme vous êtes. Mais si vous êtes encore entouré d'individus dépressifs, colériques et inquiets, vous avez encore de la dépression, de la colère et de l'inquiétude en vous. Je répète : vous avez encore cela en vous.

Dès que vous accepterez le principe (découlant de la Loi de l'action-réaction) que le monde extérieur est un bon indicateur de votre univers intérieur, vous progresserez rapidement. Au lieu de vouloir changer le monde, vous chercherez à changer votre monde. Au lieu de juger les autres, vous verrez chez eux vos propres faiblesses (et vos forces).

J'ai toujours beaucoup de plaisir à remarquer que les gens qui cherchent le plus à donner des conseils – surtout en ce qui concerne l'argent – sont ceux qui en ont le plus besoin (ceux qui ont le moins d'argent, par exemple, sont rapides à conseiller les autres sur leurs finances et à leur refiler des tuyaux pour gagner des sous). J'ai même rencontré une dame qui voulait que je modifie une partie de mon dernier livre pour écrire que les recherches que je citais étaient erronées et que certains passages nuisaient à la santé financière des individus ; cette personne était au demeurant en profond déséquilibre financier. Curieux, n'est-ce pas ?

La Loi des analogies enseigne que l'infiniment petit est comme l'infiniment grand. Qu'une cellule du corps humain est semblable à une galaxie (à ce sujet, voyez la fin du film *Men in Black,* vous y trouverez de quoi réfléchir). Vous pourriez aussi me dire que cette loi s'applique dans les deux sens, et qu'en changeant le monde extérieur on modifierait le monde intérieur. Et vous auriez raison.

Nombre de sages affirment d'ailleurs que la fréquentation d'êtres réalisés (« satsangs ») aide à progresser sur la voie de la réalisation. Cela ne peut pas nuire. Mais, selon vous, qu'est-ce qui est le plus facile : changer le monde extérieur ou changer votre monde intérieur ? À vous de voir. Sortez votre stylo et faites-en l'expérience pendant un mois. Vous verrez, **le monde extérieur est un remarquable miroir.**

Je ne peux m'empêcher ici de faire une petite réflexion. Selon un point de vue judéo-chrétien, Lucifer serait le Mal incarné, responsable de tous les torts et de tous les maux. Dieu, régnant pourtant sur tout, aurait perdu le contrôle de cet ange déchu, lequel aurait réussi on ne sait trop comment à déjouer le divin Créateur en le battant sur son propre terrain.

Vous trouvez que cette histoire tient debout ? Vous ne la trouvez pas incohérente ? Pourquoi Dieu aurait-il créé Lucifer s'il n'en avait pas eu besoin ? Bien des cultures n'utilisent pas le diable dans son rôle de grand méchant loup, mais plutôt dans celui « d'accélérateur de progrès ». Pensons ici au magnanime Siva et à sa copine Kali dans les Védas. Sont-ils des démons ? Pas du tout. Du moins, si je me fie à ce que j'ai pu observer en m'entretenant avec leurs plus fervents fidèles.

Siva est connu par des centaines de millions de pratiquants comme étant le plus grand dévot du Seigneur. Selon eux, il joue le rôle de chien de garde. La « monstrueuse » Kali, quant à elle, s'occupe de trancher les têtes (de nos ego) et porte une ceinture de bras coupés (ceux de nos passions) dégoulinant de sang (bon appétit).

Pourquoi parler autant d'unité si on divise l'univers en deux, Dieu et diable ? Pourquoi faire autant de bruit avec ces histoires de plan luciférien destiné à prendre le monde en otage et à détruire nos chances d'accéder au paradis ? Pourquoi cela, si vous croyez en un Dieu tout-puissant et à l'amour inconditionnel ? Si Dieu a besoin de Lucifer, qui sommes-nous pour juger ?

Et si Lucifer était le meilleur professeur, le maître le plus évolué ? (J'ai déjà dit que les plus grands gourous sont ceux qui rendent notre vie plus pénible pour que nous y fassions le ménage.) Et si la nature utilisait Lucifer pour nous enseigner des choses fondamentales ? Si Lucifer n'était rien d'autre que le porteur du miroir ? (Quel salaud ! Oser nous mettre sous les yeux nos masques et nos faiblesses. Ouache !)

26

Les subjectifs

« Dans la vie, pour réussir, il faut se fixer des objectifs précis et mesurables et y aller progressivement. » « Comment mange-t-on un éléphant ? Une bouchée à la fois. » « Comment traverse-t-on le désert ? En mettant un pied devant l'autre. »

Depuis quelques décennies, la mode est aux objectifs. Ceux-ci sont des plus divers et touchent la vie privée, la vie professionnelle, la santé, les loisirs, le couple, l'argent, etc. On se donne des buts pour savoir ce que l'on veut. Parfait. Pourtant, en soi, un objectif ne peut pas vraiment aider. Il ne peut être utile que s'il devient une **obsession.** Et qui dit « obsession » ne parle plus d'objectivité.

Vos buts les plus réalistes doivent passer du mode « objectif » au mode « subjectif », suivant lequel vous, qui demandez quelque chose à l'univers, êtes convaincu de ne pas être séparé de votre demande. Vous savez que vous en êtes le « sujet ». Pour convertir vos objectifs en ce que j'appelle des « subjectifs », **vous devez y laisser entrer l'émotion.**

Si la vérité conduit à la créativité et que la créativité mène à l'élaboration du rôle de vie, vous ne pouvez plus vous contenter de simples objectifs vides d'émotion. Vous devez y verser votre âme, vos tripes. Vous devez croire que votre but est plus important que tout. Que votre désir de faire votre marque dépasse le mode du rationnel et de la logique.

Même si vos masques commencent à tomber, même si vous commencez à être davantage vrai avec vous-même, vos demandes ne se réaliseront pas si vous restez timide dans vos désirs. Je vous donne un exemple. J'ai longtemps voulu aller en Inde pour rencontrer de véritables maîtres. Sauf que j'avais des responsabilités familiales ; j'ai quatre enfants et je ne peux pas partir comme ça, tout seul, n'importe quand.

En tout cas, c'est ce que tout le monde dit. C'est aussi ce que je me disais. C'est ce que mon masque de père de famille me faisait dire. Mais, d'après vous, qui manque le plus à ses responsabilités familiales ? Celui qui se cache derrière la formule « j'ai des responsabilités familiales » et qui ne va jamais au bout de ses aventures et de lui-même, ou celui qui suit ses convictions au risque de se tromper mais qui montre ainsi à sa famille l'art d'être vrai avec soi-même ?

Curieusement, dès que la décision irrévocable de réaliser cette aventure a été prise, tout s'est placé tout seul, comme on dit. Ma femme a reçu durant mon absence la visite de parents qui lui ont donné un coup de main, et j'ai obtenu un contrat inattendu pour financer le tout.

J'avais insisté. Si quelqu'un peut devenir intolérable avec ses demandes à l'univers, c'est bien moi. J'en ai fait une obsession et le pendule est revenu. Le voyage a été des plus mémorables et des plus instructifs. À mon retour, j'avais même un merveilleux outil de chantage : « Mon amour, si tu ne me permets pas de faire ceci ou cela, je me rase la tête comme les hindous. » Et ça marche ! Quand j'aurai trouvé le truc pour former un harem, je vous le dirai. En attendant, j'expérimente.

◎◎◎

Vous ne pouvez pas demeurer objectif et atteindre vos buts. Vous ne pouvez pas rester neutre face à ce que vous voulez. Vos émotions doivent irriguer votre demande, au point que vous en deveniez un véritable maniaque. Pourquoi ? Pour que votre énergie atteigne le seuil à partir duquel votre souhait se réalisera. Équation parfaitement physique.

$E=mc^2$, vous vous rappelez ? Je sais que je reviens souvent à cette formule mais, que voulez-vous, elle dit presque tout. Et comme toutes les grandes vérités, elle est simple et d'une beauté que même ceux qui ne sont pas physiciens peuvent apprécier. Elle enseigne qu'il faut beaucoup d'énergie pour que la matière se cristallise. Pour avoir beaucoup d'énergie, il faut concentrer ses pensées sur une chose. Le livre *The Egyptian Book of Coming Forth by Day,* sorte de bible de la culture égyptienne, enseigne que : « Quand une idée occupe entièrement l'esprit, elle prend corps dans la matière. »

Patanjali, dans ses célèbres 108 sutras (un sutra est un enseignement condensé en un paragraphe ou deux), parle du pouvoir de la concentration (une des huit étapes du processus du Raja Yoga menant à l'éveil spirituel). Il dit qu'une personne qui parvient, par exemple, à fixer totalement son attention sur une flamme pendant quelques secondes, sans penser à quoi que ce soit, développe la clairvoyance et un pouvoir de matérialisation hors du commun.

La concentration est la capacité à produire de l'énergie mentale en un point précis pour que celle-ci se « précipite » dans le monde matériel. D'après vous, combien de temps un adulte peut-il en moyenne se concentrer sur une seule chose ? Allez-y. Essayez de vous concentrer le plus longtemps possible sur une pensée ou un objet. Combien de temps tenez-vous ? Pas même une seconde !

Un adulte n'a en général pas la capacité de se concentrer plus d'une seconde. Malgré cela, certains ont réussi à composer la *Flûte enchantée,* à ériger l'Empire State Building et à écrire *Roméo et Juliette*. Imaginez notre puissance si nous pouvions concentrer nos pensées pendant 10 secondes. Ne serions-nous pas à ce moment-là de véritables dieux ?

Je vous invite à consacrer 10 minutes par jour, toujours à la même heure, à un exercice de concentration. Qu'allez-vous faire ? Vous allez observer une flamme. Non seulement votre vue pourrait s'améliorer (faites-le, vous aurez peut-être de belles surprises), mais vos demandes pourraient également se réaliser très vite.

Personnellement, je mesure mes progrès en jouant aux fléchettes. Il est surprenant de constater la différence de précision avant et après une séance de concentration. Je joue parfois même mieux les yeux fermés ! (J'avoue qu'il y a quelques trous dans le mur de mon bureau mais, tout de même, les résultats me surprennent chaque fois.)

Un bon jeu de fléchettes sur votre lieu de travail, et votre concentration pourrait s'améliorer rapidement. Les résultats se mesurent aussi très bien au golf. Essayez. (Suggestion : essayez le jeu de fléchettes *après* avoir fait la pratique, à moins que votre décorateur aime le style gruyère pour les murs.)

Lorsqu'on traite de créativité pour l'unité extérieure, il faut parler d'énergie et de *timing*. Vous arrive-t-il de vous dire le matin, en ouvrant les yeux : « Ah non, pas ce matin ! Aujourd'hui, je ne me lève pas. Ça ne me tente pas du tout, je reste au lit. Je n'ai pas d'énergie. » Et après le douzième coup sur le *snooze* : « Bon OK, je dois aller au boulot. »

Le problème, lorsque vous êtes dans cet état euphorique, c'est qu'une fois au travail vous accomplissez vos tâches 10 fois plus lentement que d'ordinaire et en commettant beaucoup plus d'erreurs que lorsque votre *timing* est bon. On dirait qu'il y a des moments où tout va tout seul, et d'autres où rien ne fonctionne. C'est que vous n'êtes pas seul...

Vous allez encore me prendre pour un bizarroïde, mais qu'à cela ne tienne ! Pour ce qui touche vos idées, vos innovations et votre inspiration, **vous n'êtes pas seul.** Appelez ça « muse », « guide » ou « Johnny Walker », vous avez à un certain moment une énergie créative additionnelle qui vous est, disons, prêtée. **C'est à ce moment qu'il faut créer.**

Pas en fonction d'un horaire, encore moins d'une liste de choses à faire. Sauf que cette énergie, celle qui vous donne un tremplin pour jouer votre vrai rôle (mais oui, toujours la même histoire – c'est vous qui vous obstinez à vouloir tout compliquer), a besoin que vous ne la gaspilliez pas toute dans le maintien de masques. Vérité, vérité, vérité.

Oui, vous avez des contraintes, des obligations, des enfants, la TPS, le gouvernement, le compte de téléphone, le journal, la télévision et le chien, mais pourquoi vous imposer en plus un horaire destructif ? Pourquoi vous obligeriez-vous à faire quelque chose au mauvais moment, lorsque l'enthousiasme n'y est pas ?

Vous devez écrire un rapport ou un exposé ? Sortez vous promener 10 minutes, jonglez avec les idées qui vous viennent à l'esprit, allez au cinéma. Faites autre chose, laissez mijoter. Lorsque viendra le temps d'écrire, tout sortira comme par magie. C'est ici qu'entre en jeu l'**intuition.** Apprendre à s'écouter pour connaître le bon *timing* fait partie des atouts de ceux qui réussissent le mieux en y consacrant le moins de temps possible. Ce n'est certainement pas votre agenda qui pourra vous dire quel est le bon moment.

Autre exemple : vous devez joindre quelqu'un pour une raison personnelle ou professionnelle. Ça fait 22 fois que vous composez son numéro, le gars est au téléphone, et vous avez déjà laissé 14 messages. L'univers essaie peut-être de vous dire que **ce n'est pas le bon moment** pour appeler cette personne. Peut-être vaudrait-il mieux que vous la voyiez le lendemain.

Bien sûr, si vous insistez, vous finirez par lui parler. Mais elle sera probablement dans de mauvaises dispositions et vous risquez de regretter votre appel. Prenez le temps d'écouter votre voix intérieure. Elle vous dira ce que vous avez à faire. Si vous n'allez pas bien, le moment n'est peut-être pas indiqué pour écrire un roman ou concevoir une stratégie de marketing.

Pour ma part, comme j'écris depuis déjà trois heures, ma petite voix me rappelle que mes pieds ont besoin de marcher et que ma peau a besoin de soleil. Alors je vous laisse quelques heures, je m'en vais jouer dehors avec les enfants.

27

Le souverain des cellules

La monarchie est le système politique le plus naturellement utilisé. Un roi, un chef ou un leader s'impose soit par la force, soit en vertu de sa naissance. Votre corps n'est pas bien différent. Vous régnez en maître sur toutes les parties de votre organisme et vous avez la responsabilité de tous vos « sujets ». (Un auteur-compositeur québécois nous a déjà parlé de cela dans une chanson, *Le petit roi.* Jean-Pierre Ferland nous y disait que, dans son âme et dedans sa tête, il y avait autrefois un petit roi. Selon moi, il y est toujours.)

Comme vous êtes roi ou reine de votre corps, vos cellules, c'est-à-dire vos « sujets » (intéressant qu'on les appelle des « sujets » et non des « objets ») vous observent et apprennent de vous. Tout comme les humains se vouent à un dieu dont les voies sont impénétrables, vos cellules se fient à vous en se disant que « quelque part là-haut », une mystérieuse entité contrôle tout.

Imaginez l'existence d'une cellule du pied, qui a appris qu'à toutes les 16 heures elle se retrouve sous un drap avec très peu de courants d'air (sommeil). Qu'ensuite, un ouragan d'eau et de savon enveloppe complètement son univers (déluge du bain matinal). Puis que commence la journée, combinaison de protection (vos bas) et de martèlement régulier (vos pas).

Cette cellule aurait fort à faire pour trouver une explication logique à ces phénomènes cycliques. Elle s'inventerait donc quelque chose comme des saisons, régies par une divinité quelconque. Pour une cellule dont la durée de vie n'excède pas quelques semaines ou quelques mois, un bain de 30 minutes doit ressembler à un ouragan de 10 jours pour nous.

Vos cellules cherchent à plaire à leur dieu (vous). Elles veulent servir leur roi. Pourquoi ? Pour assurer leur survie. Mais l'analogie ne s'arrête pas là. À une échelle encore plus petite, les gènes, véritables multiplicateurs d'histoire, font de même avec les cellules. Qui manipule qui, alors ? Les gènes utilisent les cellules, lesquelles utilisent les humains, lesquels utilisent Dieu. Dans un monde relatif, l'inverse est également valable : Dieu utilise les humains, qui utilisent les cellules, qui utilisent les gènes. Ce qui est vrai en haut est vrai en bas.

Si vos cellules (et vos gènes) vous observent pour savoir quel type de comportement suivre pour survivre, vous êtes-vous demandé quel genre d'exemple vous leur donniez ? Quel sorte de roi vous étiez ? Prenez-vous le temps de remercier vos milliards de « sujets » pour leur bon travail ? Leur accordez-vous de l'attention – littéralement – en pensant régulièrement à chaque partie de votre corps ? Leur insufflez-vous suffisamment d'énergie mentale ?

Votre horaire est-il trop chargé pour que vous preniez le temps de vous occuper de vos « sujets » ? De vous tourner du monde extérieur vers votre royaume ? Les humains, pris dans le cycle infernal du « métro, boulot, dodo », ont rarement la possibilité de s'arrêter. Ils croient qu'il est vertueux de s'occuper des autres, de toujours penser au travail, à la famille, aux enfants. Mais que faites-vous de vos milliards de « sujets » ? Ne sont-ils pas aussi importants ? Si vous vous montrez indifférent à leur égard, ils imiteront votre indifférence.

Comme nous l'avons vu, la créativité dans le monde extérieur est essentielle pour favoriser l'unité et faire descendre le divin dans la matière. Mais la créativité dans le monde intérieur est encore plus importante. Nous vivons dans un univers mental. La physique moderne nous apprend chaque jour que ce que nos sens perçoivent constitue une sorte de mirage, nous donnant pourtant l'illusion de toucher, de voir, de sentir, de goûter et d'entendre.

Durant votre sommeil, votre esprit crée un monde, et vous y vivez pour un temps. Et si je vous disais maintenant que vous et moi vivons probablement dans le rêve de quelqu'un d'autre ? Et si un être supérieur rêvait en ce moment de notre monde relatif, avait lui-même un rôle dans cette pièce de théâtre et s'entourait de personnages comme nous ? Assez fou, merci ! (Désolé, mes enfants ont sur moi une grande influence.)

Je sais que nous aimons nous considérer comme le maillon le plus élevé et le plus évolué de la chaîne alimentaire. Je doute pourtant que ce soit le cas. Rien ne justifie que nous nous placions au-dessus de tout. L'absurdité est aussi grande que, pour les cellules, de se croire le maillon le plus important de l'organisme, sous prétexte qu'elles maîtrisent certains comportements et ont pu établir l'ordre de leurs « saisons » (drap, baignade, marche, etc.).

Parler de lois de la nature revient à accepter l'existence d'une force supérieure. Vous vous doutez bien qu'un « organisme » aussi brillant que Dame Nature doit avoir une conscience ! Avec ses cours d'eau pour veines, ses arbres pour poumons, et la lave de ses volcans pour adrénaline.

Si nous nous trouvons entre l'infiniment petit et l'infiniment grand et en sommes conscients, nous pouvons tenter de converser avec les consciences les plus petites (nos « sujets ») et les plus grandes (Dame Nature). Dans les deux cas, la communication commence par la créativité intérieure.

Pour nourrir nos cellules et accorder de l'attention à chaque partie de notre corps, gardons-nous du temps – la pratique d'*asanas* de yoga, lorsqu'elle est bien faite, permet cette communication. Pour vos cellules, vous êtes réellement le roi ou la reine.

Mais, de nouveau, quel type de souverain êtes-vous ? Aimeriez-vous servir un roi ou une reine comme vous ? Quelles sont vos habitudes alimentaires ? Vos pratiques intellectuelles ? Votre corps se renouvelle grâce à ce que vous mangez ; votre âme, à partir de ce que vous pensez.

Vos pensées sont la nourriture de votre âme et de votre esprit. Dans la mesure où vos cellules ont un certain degré de conscience, elles consomment aussi cette nourriture mentale. Vous les éduquez donc par vos pensées. Vous leur montrez à penser et à voir les choses comme vous.

Quand une crise survient, êtes-vous calme et constructif, ou explosif et bouleversé ? Adoptez-vous la première solution qui se présente, ou êtes-vous patient ? Vos cellules copient votre comportement, ce qui influe, entre autres, sur le processus et la vitesse de guérison de votre organisme. Vos habitudes sont constamment observées par des milliards de cellules, qui cherchent, comme vous, des façons de mieux vivre. Comme les enfants qui imitent les adultes, elles imitent instinctivement les entités ayant de plus grandes capacités qu'elles. Si vous voyiez Jésus marcher sur l'eau, vous auriez probablement envie d'apprendre de lui.

Pour vos cellules, vous accomplissez des prodiges, et elles ont le goût, conscient ou inconscient, de faire de même. La vérité est à l'âme ce que la santé est au corps. Vos yeux vous montrent peut-être des objets séparés, mais vos yeux intérieurs, vos yeux divins, peuvent voir des sujets unifiés.

Chercher la vérité, contrôler ses pensées et accorder de l'attention à son corps sont des habitudes essentielles au développement et à la santé. Des conditions nécessaires à la vie au paradis. Soyez un roi ou une reine digne de milliards de sujets qui vous regardent et veulent vous imiter.

Montrez à vos fidèles sujets qu'il n'y a que **3 façons de vivre dans l'abondance** en ce monde :

1. vous faire payer en nature ;
2. vous faire payer en-dessous de la table ;
3. vous faire payer en nature et en-dessous de la table.

28

La cage de Faraday

Mil huit cent vingt. Michael Faraday se plonge à fond dans ses recherches sur le magnétisme. Il parvient à créer le tout premier moteur électromagnétique en utilisant des aimants et des fils flottants. Fantastique ! Tu parles d'un extrémiste équilibré !

Mais ce n'est pas tout. En 1831, il découvre l'induction magnétique ; en 1833, il énonce les lois quantitatives de l'électrolyse (mesdames, et certains messieurs de plus en plus, c'est à Michael Faraday que vous devez d'avoir de belles jambes bien épilées) ; en 1837, il découvre l'influence des diélectriques sur les éléments électrostatiques ; en 1845, c'est au tour de la polarisation magnétique. Non mais, vous auriez pu en laisser pour les autres, monsieur Faraday !

Pas surprenant que les physiciens comme moi soient aujourd'hui condamnés à faire des recherches sur la méditation et la transmutation sexuelle. C'est pas drôle du tout. Faraday a même découvert le benzène et a été le premier à liquéfier le chlore. Il ne reste plus qu'à trouver le moyen d'extraire l'énergie de la lumière pour faire un peu de bruit.

Voilà qui m'amène à vous parler de cage. De cage de Faraday (il a même donné son nom à plein de choses). Une cage de Faraday, techniquement, est un conducteur creux servant d'écran aux effets électromagnétiques. Maintenant, à mon tour. Je soumets à votre attention **la cage de Morency** (pas prétentieux à peu près, le gars, hein ?). La cage de Faraday agit comme un bouclier qui endigue l'effet magnétique. C'est une sorte de douanier du magnétisme. Et la cage de Morency ? J'y viens, j'y viens.

Le but de ce livre, je le rappelle, est de vous permettre de voir vos demandes se réaliser et d'accéder plus rapidement au paradis terrestre. Pour y parvenir, vous devez jouer votre vrai rôle dans la vie. Et votre vrai rôle dans la vie n'est pas nécessairement quelque chose que vous devez trouver. **C'est quelque chose que vous êtes, que vous exprimez.**

Si vous ne le trouvez pas, c'est que vous êtes prisonnier d'une cage, dont vous devrez sortir. Cette cage vous empêche d'attirer et de profiter des occasions qui s'offrent à vous de jouer votre rôle, donc de le percevoir.

Poursuivons l'analogie avec la cage de Faraday. Imaginez un aimant placé sur une table et entouré de limaille de fer. L'aimant joue naturellement son rôle en attirant à lui, sans y penser, la poudre de fer. Sans y penser. Il n'a rien à faire pour l'attirer. Pas besoin de suivre 22 ans de formation en magnétisme (ici, je tire la langue à M. Faraday en écrivant), pas besoin de connaître les lois de l'électromagnétisme de Maxwell, pas besoin d'un baccalauréat en attractivité des métaux. L'aimant n'a qu'à **être lui-même.**

Si la poudre de fer ne va pas à l'aimant, c'est que celui-ci est planté au milieu d'une cage de Faraday qui l'empêche d'exercer son action. Il se met alors à réfléchir. Il se demande si Dieu existe, il cherche à comprendre la physique quantique, il enquête pour savoir si son corps fait défaut, il suit des formations en aimantation et va même chez le psychologue des aimants.

Tout cela est inutile. Parce que le problème n'est pas qu'il ignore son rôle de vie ; le problème, c'est la cage. Il doit trouver un moyen de la détruire. Lorsqu'on retire la cage, la poudre de fer va automatiquement se coller à l'aimant. Il peut alors aimer. Aimer ou être un aimant.

Votre cage à vous, ce sont vos masques. Plus ils tombent, plus les occasions de jouer votre rôle de vie viennent à vous, en nombre grandissant. C'est d'ailleurs à cela que vous pouvez mesurer vos progrès : les occasions de jouer votre rôle se présentent de plus en plus vite, avec de moins en moins de résistance.

Trouvez pourquoi les gens vont d'eux-mêmes vers vous et vous aurez une piste au sujet de votre rôle de vie. Une fois vos masques tombés, jouez ce rôle et tout le reste suivra. Mais utilisons de nouveau la loi des analogies pour expliquer ce point. Imaginez un gros bloc de marbre ou de granit au milieu d'une des principales salles du musée du Louvre, à Paris. Je doute fort que les foules se masseront autour pour dire : « Wow, quel génie, quel talent ! » (Remarquez, de nos jours, on ne sait jamais.)

Imaginez maintenant dans la salle voisine une superbe sculpture, le *Penseur* de Rodin par exemple (qui ne pense au fond qu'à une aspirine pour chasser son mal de tête causé par toutes ses pensées). Les foules se presseront autour de l'œuvre pour la contempler. Cette sculpture a un effet magnétique, lequel réside dans sa grande beauté.

Pour réussir son œuvre, le sculpteur est d'abord passé en mode « destruction ». Il a détruit la pierre entourant le penseur. Il a frappé judicieusement pour faire voler en éclats les morceaux qui empêchaient le pouvoir d'attraction de la sculpture d'agir. Vous me suivez ? Une fois la cage de marbre détruite, la sculpture a pu faire son effet. Elle était là, quelque part au centre, n'attendant que d'être exposée à la lumière du monde pour exercer son pouvoir d'attraction.

Vous et moi sommes pareils au *Penseur* de Rodin. Nous devons nous sculpter à coups d'expérimentations et faire sauter sans pitié le béton mental qui nous prive du pouvoir de notre magnétisme naturel.

Plus besoin de vous préoccuper des autres, de mener une compétition ou de vous battre pour avoir une place au soleil. En tant que cellule du corps du rêveur, vous avez nécessairement un rôle à jouer. Un rôle choisi par le metteur en scène et pour lequel vous avez reçu des talents.

Bien sûr, vous avez le droit de vous rebeller et d'utiliser votre libre arbitre pour faire autre chose. Vous avez la possibilité de vous boucher les yeux et les oreilles, de vous fermer aux demandes que les autres vous adressent. Mais, dans ce cas, vous ne ferez que compromettre votre accès au paradis terrestre, à la santé et à tout ce dont vous rêvez.

Le phénomène de la compétition est assez particulier. Dans le monde des affaires, les visions d'entreprise reposent presque toujours sur un élément comparatif permettant de se positionner face à autrui. Comme si le fait d'être le leader dans un domaine garantissait les bons résultats. « Chez Zygone 2000, nous voulons être le leader nord-américain de la fabrication de bric-à-brac. » Tu parles d'une vision. Une vision basée sur l'échec des autres. Pas très constructif. Du genre « gagnant du 100 mètres en 22 secondes parce que tous les autres ont été disqualifiés ». Quel mérite ! Mais parlons de visions. De vraies visions. La capacité de voir ce qu'on veut *vraiment*.

Plus vos masques tombent, mieux votre aimant fonctionne, **et plus il attire à vous les occasions.** Plus vous jouez votre rôle, et plus la loi de l'action-réaction agit en vous apportant les fruits de votre contribution. Mais attention, ne vous attendez pas à recevoir nécessairement ces fruits des bénéficiaires eux-mêmes.

C'est là un point important : lorsque vous jouez votre vrai rôle et passez en mode « créativité », vous avez nécessairement un effet sur le corps du rêveur. Mais vous ne devez pas vous attendre à être rémunéré par ceux à qui profite votre contribution. En d'autres termes, vous ne devriez pas toujours chercher à être payé par ceux à qui vous offrez vos produits et vos services.

Pensez-y. Dans un organisme, une cellule qui a pour tâche de combattre les corps étrangers (les globules blancs), ne reçoit pas toujours sa nourriture des organes qu'elle a réussi à protéger. Une cellule de la main occupée au grattage d'une cellule du dos ne reçoit pas son oxygène de la cellule dorsale. Considérez les choses *dans leur ensemble.*

Lorsque vous jouez votre vrai rôle, vous devez laisser le temps à l'univers (le corps du rêveur) de vous retourner le fruit de vos actions, et ce, de la façon qu'il décide de le faire. Il est le seul à avoir une vue d'ensemble.

En cherchant une rémunération immédiate pour votre rôle, vous limitez les moyens dont dispose l'univers pour vous payer. La cellule du dos n'a pas d'oxygène à donner à la cellule de la main. Cette dernière doit-elle bouder et refuser de gratter sa consœur ? Non. La démangeaison deviendrait intolérable, les poumons se crisperaient, et la main finirait par manquer d'oxygène pour avoir refusé de jouer son rôle.

Appliquez ce raisonnement dans votre vie et construisez des visions qui ne dépendent pas des échecs des autres. Lorsque vous voulez être le leader de quelque chose, vous risquez de vous nuire.

Allez-y, détruisez vos masques, brisez votre cage. Cherchez à comprendre ce qui vient vers vous naturellement, sans effort. Ne cherchez pas l'or, changez le moule (« *Don't look for the gold, change the mold* »). Quand la créativité intérieure se manifeste, la créativité extérieure le fait aussi.

Partie 4

Conclusion

29

Humpty Dumpty

« Humpty Dumpty était perché sur un mur, Humpty Dumpty est tombé. Et ni les chevaux ni les sujets du roi ne surent comment le reconstruire. » (traduction libre) Notre croisade au pays des masques tire à sa fin. Ensemble, nous avons hardiment lutté contre nos incohérences et planté la lance des questions dans les côtes de nos illusions (je suis inspiré par *Alice au pays des merveilles*).

Tout comme Alice, nous avons découvert notre Humpty Dumpty. Vous savez, le monsieur en forme d'œuf tombé de son mur que « ni les chevaux ni les sujets du roi ne surent comment reconstruire » ? Voilà notre objectif: reconstruire Humpty Dumpty. Nous n'avons pas nécessairement à lui redonner sa forme première. Nous pouvons choisir toutes les formes possibles et imaginables. Humpty Dumpty est le corps de notre moi, le corps de l'univers, le corps, pour parler comme Howard Bloom, d'un super-organisme qui tente par tous les moyens de nous utiliser pour se découvrir.

Pour rebâtir Humpty Dumpty, nous avons besoin de courage, d'imagination et de « subjectifs » qui vont au-delà des masques du monde rationnel. Robert Browning a dit : « Le but d'un homme devrait être hors de sa portée ; sinon, à quoi servirait le paradis ? » Pour vous permettre de découvrir des « subjectifs » hors de votre portée, vous devez perdre quelques kilos de gras mental, abandonner vos incohérences. En fait, vous devez récupérer l'énergie qui s'échappe sans cesse par vos « trous d'énergie ».

Depuis votre naissance, non seulement vous avez accumulé des masques, pour vous protéger ou pour fuir votre quotidien, mais vos projets et vos relations non achevés ont aussi criblé de trous votre corps mental (ou astral). Celui-ci est devenu une véritable passoire. Chaque fois que vous n'avez pas terminé quelque chose, vous vous êtes fait un trou, par où vous perdez votre énergie.

Cette discussion que vous n'avez pas osé avoir avec votre père, à qui vous ne parlez plus depuis cinq ans. Cette relation flottante avec un ancien amant qui n'en finit plus de se compliquer. Ce livre que vous avez recommencé huit fois sans parvenir à dépasser le deuxième chapitre. Ce potager que vous n'avez pas ensemencé et qui est maintenant à l'abandon dans votre cour. Ce cours d'anglais par correspondance que vous avez acheté et qui ramasse chaque semaine une montagne de *dust* dans une *box* qui n'a pas été *opened*.

Ce client dont vous avez profité en le facturant un peu trop. Cet objectif que vous avez abandonné en cours de route alors que vous en aviez fait votre résolution du jour de l'an pour une sixième année consécutive. Cet excès de poids que vous traînez encore sous le nombril malgré l'achat du tout nouvel appareil Abdominator et de son programme de découpage musculaire en six semaines que vous avez mis de côté après 20 minutes.

Tous ces projets avortés sont des portes par lesquelles vous perdez votre précieuse énergie. **Vous devez terminer ce que vous avez commencé.** Vous devez boucher les trous. Une des phases les plus importantes d'un ménage personnel est le nettoyage de ses vieilles histoires. Mettez une bonne couche de plâtre sur le passé, pas pour le cacher, mais pour colmater les trous noirs qui vous épuisent mentalement et physiquement.

Ici vous devez vous investir sérieusement, faire le genre de pause que l'on prend pour réfléchir à des questions fondamentales, pour prendre du recul et voir si la direction dans laquelle vous vous êtes engagé vous plaît réellement. Ici vous devez investir du temps pour sauver du temps. Sans énergie, vous ne pouvez pas entrer au paradis terrestre, vous ne pouvez pas utiliser les trois clés pour en ouvrir les portes : le jeu, la prière et la créativité. Pour jouer, prier et créer, il faut de l'énergie physique, mentale et vitale.

En outre, il n'y a pas que les activités laissées en suspens qui se nourrissent de votre énergie : **vos masques vous en bouffent aussi énormément.** À la manière des virus informatiques, qui opèrent sournoisement, chaque masque, chaque personnage que vous hébergez, se gave de vous. N'en avez-vous pas assez de nourrir cette communauté de sangsues, qui vous sucent le sang en vous empêchant de découvrir qui vous êtes vraiment ? Vos opinions sont-elles à ce point sacrées que vous deviez leur servir de pâture pour le restant de vos jours ?

30

Let it be

« Si quelqu'un vous frappe sur la joue droite, présentez la joue gauche. » Lorsque Jésus a prononcé cette phrase, il a déclenché une des plus grandes controverses morales. Il a osé dire que nous pouvions transcender la « bête » en nous, celle produite par nos gènes et les comportements sociaux. Ces gènes qui nous poussent à adhérer à la loi du plus fort, qui sont la cause de comportements violents dans toutes les sociétés, qui nous inclinent vers le monde agressif (et agressant) de la compétition, qui nous défient de réussir sans écraser autrui.

Ces gènes, qui ont survécu à toutes les cultures et traversé toutes les époques, veulent nous faire croire qu'ils détiennent le vrai pouvoir. Ils veulent nous réduire à l'état d'automate pour assurer leur survie, nous coincer entre leur volonté et celle de l'être universel.

Beau portrait: d'un côté, des gènes qui sont prêts à tout pour survivre, et de l'autre, un Dieu omnipotent qui nous laisse toute la liberté d'explorer les limites du possible. Un véritable cocktail Molotov! Mais il y a une issue. Il est possible d'élever nos gènes un cran plus haut. Nous pouvons certes étudier la nature et l'histoire pour nous inspirer d'elles et repérer les écueils à éviter, mais nous n'avons pas à accepter des limites prédéfinies.

Nous pouvons déjouer notre élan génétique en apprenant le laisser-faire. Jésus l'a dit, les Beatles l'ont répété: «*There will be an answer, let it be*» – «Il y aura une réponse, laissez faire». Alanis Morrissette le chante aussi dans *Thank you India*: «*The moment I let go of it was the moment I got more than I could handle*» – «À l'instant où j'ai laissé faire, j'ai reçu plus que je ne pouvais recevoir.» **Calmez-vous.** Votre vie n'est pas aussi importante que ça. Vos responsabilités ne sont pas aussi lourdes que ça. Le monde n'a pas vraiment besoin de vous pour être sauvé.

Est-ce vraiment dramatique si votre voisin a mis sa clôture sur votre terrain, à deux centimètres de la ligne réglementaire? Est-ce vraiment si terrible que vos enfants laissent traîner leurs vêtements et ne fassent pas leur lit tous les matins (comme vous, d'ailleurs)? Devez-vous vraiment vous ronger les sangs pour une connexion Internet un peu trop lente, une soupe un peu froide ou un téléviseur un peu trop petit? Devez-vous vraiment devenir un superhéros ayant pour mission de changer le monde? Posez-vous ces questions. Devez-vous changer le monde ou devez-vous changer *votre* monde?

Emerson a dit: «Si vous vous imaginez être venu au monde pour jouer un rôle important dans la gestion des événements, pour préserver de la ruine un secteur de la création morale, bref, si vous pensez que le salut dépend de votre seul bras, vous êtes dans l'erreur.»

Le monde peut très bien s'occuper de lui-même. Il a son propre « agenda » et sa propre intelligence, de loin supérieure à la nôtre. L'univers a besoin de vous pour connaître un point de vue que vous seul pouvez lui apporter. Il a besoin de vous pour goûter votre vérité, pour voir à travers vos yeux. Trouvez votre point de vue. Il est unique et merveilleux. Écoutez celui des autres, mais ne vous y attardez pas. Tout se joue en vous.

Votre point de vue est là, maintenant. Il n'est pas à des milliers de kilomètres. Regardez, écoutez. L'univers vous envoie ce dont vous avez besoin pour vous nourrir au cours de la prochaine heure. Si vous refusez l'assiette, vous ne pourrez pas passer aux plats suivants. Regardez ce que vous avez sous les yeux. Ôtez vos masques et ayez le courage de considérer le présent sans intermédiaire, sans interprétation.

Par ailleurs, **soyez patient avec vous-même.** Des millions d'années de pulsions vous poussent dans toutes les directions (sans compter les millions de réincarnations – plus difficile à croire, celle-là, n'est-ce pas ? « Comment, moi, des millions de vies ? Et je n'aurais pas encore appris à bien gérer mon budget ? Impossible ! »)

Je vous propose une autre expérience, que vous poursuivrez pendant un mois. Je vous invite à utiliser un mantra pour enraciner dans votre esprit l'habitude du laisser-faire. Il ne s'agit pas d'une attitude passive d'abandon et de désespoir mais plutôt de confiance en Dieu, en votre vrai moi, celui qui vous a conduit jusqu'ici. Donnez-lui le droit de vous aider. Il est votre vrai gourou. Mais comme il respecte votre libre arbitre, il doit attendre votre accord. Vous devez lui demander de vous guider pour un temps. Assoyez-vous dans le siège du passager pendant 30 jours et laissez-le conduire. Il n'est pas toujours nécessaire de tout contrôler, vous savez !

Voici le mantra à répéter quotidiennement au moins 108 fois (idéalement, vous ferez l'exercice trois fois par jour) : « Je laisse aller. Tout s'arrange pour le mieux. Merci mon Dieu. » Faites de votre mieux, laissez le reste à Dieu (même si vous ne croyez pas en Dieu, je vous invite à faire cette expérience quand même. Vous êtes sceptique, c'est bien, **mais ne soyez pas fermé aux tests.** Un vrai sceptique se permet toujours un test pour prendre position et ainsi établir fermement son jugement.)

C'est un peu comme si vous me disiez :

« Pierre, ça goûte quoi une pomme ?

– Bon, euh, une pomme, c'est doux, sucré, un peu juteux mais pas trop... Ah ! pis merde ! Ouvre la bouche et croque ! »

Faites l'expérience. Il n'y a pas d'autre façon de vous prouver à vous-même que vous avez un accès direct à l'intelligence infinie qui est en vous. Je sais que ces phrases peuvent paraître un peu ésotériques, mais *so what.* Si ça marche, on s'en fout.

Alors, mâchez. Mâchez ce mantra. Vous verrez.

31

La commedia dell'arte

La commedia dell'arte, ancêtre magistral des ligues d'improvisation modernes, est une tribune où les jeux de mots et les masques permettent l'exploration des émotions. Oui, les masques sont parfois nécessaires. (Ça alors, il ose nous dire ça après qu'on se soit tapé son bouquin ! Maudit physicien !)

Ils nous sont nécessaires pour nous protéger et jouer. Si nous devons explorer les limites de nos possibilités, nous devons aussi entrer dans le monde des masques et du faux, celui de l'incohérence et de la douleur. La douleur est nécessaire. Elle rappelle que tout n'est qu'un jeu. Dans la joie, personne ne cherche à s'élever.

Les grands royaumes ont périclité et les conquérants aussi dès qu'ils se sont assis sur leurs lauriers. Une fois le but atteint, les révolutionnaires deviennent de gentils intellectuels bourgeois. Les méchants barbares se métamorphosent en aristocrates blasés. La douleur est le pétrole du progrès. C'est elle qui donne soif. Soif de plus grand. La dualité est à votre service. Elle vous permet de peindre le Bien sur la toile de fond du Mal, celui-ci n'étant que l'absence de Bien. Mais, pas de toile, pas de peintre. Pour jouir de l'acte de créer, il faut qu'il y ait absence de création quelque part.

Lorsque les masques tombent, vous découvrez rapidement votre vrai rôle sur terre. Ce rôle devient une véritable loupe qui canalise toute votre créativité. Vous êtes vrai, vrai à vous-même, sachant qu'il n'y a pas de dualité réelle, que tout est unité, que tout est un. Que vous êtes tout. Oui, il y aura encore des difficultés dans votre vie. Il y aura encore des masques à détruire et des problèmes à résoudre tant que le travail intérieur ne sera pas complété, tant que vous ne vous serez pas associé au « témoin » en vous.

Les textes sacrés hindous comparent notre situation à celle de deux oiseaux sur un fil, un qui se bat pour trouver des fruits et des insectes, l'autre qui le regarde agir. Ce témoin, qui regarde l'autre agir et courir, c'est Dieu en vous. Lorsque vous en aurez assez de vous battre, tournez-vous vers l'intérieur, sans masques. Tournez-vous vers le témoin et donnez-lui les rênes. Demandez-lui de tenir le volant.

Tout va mal dans votre vie ? Tout est noir, dites-vous ? Parfait ! La seule façon de bien voir les étoiles est lorsqu'il fait bien noir. Les feux d'artifice, on ne les fait pas jaillir en plein soleil. C'est tout à fait correct de partir d'un état de noirceur. **C'est souvent même un avantage.**

Lorsque tout semble jouer contre nous, nous sommes plus aptes à détruire notre double visage. Nous n'avons plus rien à perdre. Nous avons davantage faim. Courage. Vous avez un rôle à jouer. Nous en avons tous un. L'univers ne gaspille rien. Nous faisons partie d'une immense pièce de théâtre, et vous avez été choisi pour un rôle précis. Détruisez vos masques, soyez vrai vis-à-vis de ce que vous ressentez, et voyez comment vous attirez à vous ce que vous devez attirer pour pouvoir jouer le rôle que vous devez jouer en contribuant à l'unité par votre propre créativité.

Lorsque vous changerez vos points de vue, question d'être plus intègre avec vous-même, les autres vous diront peut-être que vous changez d'idée comme de chemise. Répondez-leur qu'à force de porter la même chemise, on finit par sentir la transpiration. Plus vous serez transparent, plus votre lumière pourra luire, et plus vous retrouverez la faculté d'émerveillement, la légèreté et le goût de vivre.

Vous croyez qu'on ne vit qu'une fois ? C'est un point de vue restrictif, qui débouche sur le « je, me, moi », lequel nourrit la peur et les déséquilibres. Cela n'apporte rien de constructif. Pourquoi donc le défendre ? Je préfère affirmer le contraire, ou mieux : nous ne vivons qu'une fois que nos masques ont disparu. Nous ne vivons qu'une fois que nous réalisons que nous sommes tous un, tous le même être, et que celui-ci s'explore.

Le chemin le plus rapide pour goûter au paradis terrestre ici et maintenant, le moyen le plus efficace pour que vos demandes se réalisent, c'est d'être vrai. Lorsque tout en vous converge, lorsque tous vos personnages sont du même avis, lorsque toutes vos fibres vibrent à l'unisson, rien, RIEN ne fait plus obstacle à la concrétisation de vos désirs. **Soyez cohérent** et vous deviendrez de véritables maîtres sur terre.

Ne gâchez pas votre voyage au paradis.

Faites le ménage.

Faites tomber vos masques.

Soyez vrai.

Jouez votre vrai rôle.

Trouvez votre vérité.

Vos demandes se concrétiseront.

DU MÊME AUTEUR

DEMANDEZ ET VOUS RECEVREZ

2002 • 200 pages • 24,95 $

Dans cet ouvrage déconcertant qui a séduit des milliers de lecteurs dès son lancement, Pierre Morency nous incite à nous débarrasser de nos croyances *apprises* pour les remplacer par d'autres puisées à la source de l'expérimentation.

À l'aide de nombreux exemples, il fait la démonstration que la terre est le paradis terrestre et que tout ce qu'il faut faire pour obtenir ce que l'on désire est de le demander. On ne risque pas grand-chose à essayer : pour le moment, seulement 0,9 % des gens meurent heureux !

Demandez et vous recevrez, c'est un électrochoc qui transforme notre façon de voir le monde, le travail et l'argent.

LE CYCLE DE RINÇAGE

2006 • 200 pages • 24,95$

« Réussir sa vie de couple est un projet impossible à réaliser ; au mieux, on peut réussir sa vie à travers le couple. »

Selon Pierre Morency, chacun des « cons-joints » qui forme le couple devrait se voir comme un vêtement qui a accumulé tout au long de sa vie des saletés sous forme de souffrances et de croyances. Le couple n'a donc rien à voir avec l'amour inconditionnel, l'égalité des sexes ou le partenariat. Le couple est plutôt un merveilleux appareil pour se nettoyer : « On y entre encrassé, on en ressort purifié. »

Partant de ce principe original et employant le style décapant et provocateur qui a fait sa renommée, Pierre Morency présente dans *Le cycle de rinçage* les bonnes raisons de former un couple.

Attention, ça va brasser !

Faites-nous part de vos commentaires

Assurer la qualité de nos publications est notre préoccupation numéro un.

N'hésitez pas à nous faire part de vos commentaires et suggestions ou à nous signaler toute erreur ou omission en nous écrivant à :

livre@transcontinental.ca

Merci !

Les Éditions Transcontinental

transcontinental
IMPRESSION
IMPRIMERIE GAGNÉ